板書&イラストで
よくわかる

# 365日の全授業

## 小学校 国語

**3年 上**

藤井大助 編著
国語"夢"塾 協力

明治図書

# INTRODUCTION

## はじめに

　小学校の国語科の授業時数は，1年で306時間，2年で315時間，3・4年で245時間，5・6年で175時間と定められており，時間割を見れば毎日のように国語の授業があるはずです。

　日々の授業の積み重ねが子どもを伸ばします。これだけの時間を使って子どもたちに国語の力を身に付けさせることが求められています。忙しい中，ゼロから教材研究を重ね，毎単元・毎時間の授業を組み立てていくのは至難の業です。特に，若い先生にとっては学校生活すべてがはじめてのことばかりでしょう。

　そこで，下記を目指して本書を企画しました。

- ▶ 朝，授業前にパッと目を通すことでいい授業ができるようになる本
- ▶ 365日，国語の全授業が詰まっている本
- ▶ この1冊さえ手元に置いておけば安心！と思っていただける本

　工夫したのは，下記の3点です。

❖ **板書例を実物イメージのまま掲載！**
　〜実際の板書イメージを大切に授業が見通せる〜

❖ **授業の流れを4コマのイラストでビジュアルに！**
　〜今日の授業はココが肝！　教師のメイン発問・指示が分かる〜

❖ **今日の授業のポイント**
　〜ちょっと先輩が「今日はココが注意」とささやくようなアドバイス〜

　まずは，本書から先生方に国語授業の楽しさやコツを知っていただき，「話したくて，聞きたくて，書きたくて，読みたくてたまらない！」……そんな子どもたちがいる「夢の国語教室」が全国に広がることを願っています。

　　　　　　　編著者一同　岩崎直哉（1年）宍戸寛昌（2年）藤井大助（3年）
　　　　　　　　　　　　　河合啓志（4年）小林康宏（5年）大江雅之（6年）

# 本書の使い方

**本時の準備物を押さえる**
授業に必要な準備物を明記しています。

**今日の授業の注意点が分かる**
今日の授業のポイントは？
気を付けるべき点は？
そして，苦手さのある子がいる時にどう配慮するか，など配慮点をまとめてあります。
授業の要所を確認できます。

---

### 1 〈練習〉見立てる／言葉の意味が分かること／[情報] 原因と結果
（7時間）
準備物：全文の拡大コピー

●**単元のめあてをしっかりと確認すること**
この単元は，二つの教材を使って説明文の要旨をとらえるための学習です。「単元のめあて」「学習する教材」「学習する手順」などを子どもと十分共有してから学習をはじめましょう。

●**教材の位置付け**
「見立てる」は，題名の前に書かれているように，「言葉の意味が分かること」の学習に生かすための「練習教材」として位置付けられています。これまで身に付けてきたことを振り返りながら，要旨をとらえるための基礎をしっかりと学んでいくようにしましょう。振り返りでは，教科書 p.9 の「四年生の学びを確かめよう」を読んだり，これまで習ってきた学習用語を確認したりします。

◇「見立てる」の構成表

| 構成 | 初め | 中 | 終わり |
|---|---|---|---|
| 段落 | ① | ⑤④③② | ⑥ |
| 要点 | | | |
| 大事な語や文 | | | |

---

❶ **単元のめあてや学習手順を確認する**

「文章の要旨をとらえ，自分の考えを発表しよう」というめあてで「見立てる」と「言葉の意味が分かること」の二つの説明文をこれから読んでいきましょう。

単元の扉を開き，単元名やリード文を読みながら「今日から二つの説明文を読んで，筆者が伝えたいことはどんなことなのかをとらえる学習をしていきます」と話し，単元のめあてや学習手順を確認する。その際，教科書 p.9 の「四年生の学びを確かめよう」を読んだり，これまで習った「筆者」「段落」「要点」「要約」といった学習用語を確かめたりする。

❷ **「要旨」という学習用語を学ぶ**

「要旨」ってどういうことだろう。

「要旨」とは筆者が文章で取り上げている内容の中心となる事柄や，それについての筆者の考えの中心となる事柄のことです。

この単元で学ぶ「要旨」という学習用語の確認をする。教科書 p.46 欄外に用語の解説があるが，「説明文を通して筆者が私たちにどうしても伝えたいと考えていること」と説明してもよいだろう。

---

**授業の流れが分かる**
1時間の授業の流れを4コマのイラストで示しています。本時でメインとなる教師の指示・発問は ■■■■（色付き吹き出し）で示しています。**ココが今日の授業の肝です！**

## 本時の目標と評価を押さえる
本時の主な目標と評価内容を示しています。

| 本時の目標 | 本時の評価 |
|---|---|
| ・単元のめあてを確認して、学習の見通しをもつとともに、「見立てる」を読み、およその内容と段落ごとの要点をつかみ、文章全体の構成を整理することができる。 | ・単元のめあてを確認して、学習の見通しをもつとともに、「見立てる」を読み、およその内容と段落ごとの要点をつかみ、文章全体の構成を整理している。 |

❸「見立てる」を読んで内容をつかむ

「見立てる」を読みましょう。どんなことが書いてありますか。

あや取りのことが書いてあります。

想像力のことが書いてあります。

教師がゆっくりと範読した後、子どもたちに何度も声に出して読ませ、およその内容をつかませる。短い文章なので繰り返し読ませることが大事である。読む時も何も考えずに読むのではなく、「どんな内容なのか」「筆者が伝えたいことってどんなことなのだろうか」を頭に置きながら読むようにさせる。また、黒板とは別のところに全文を拡大コピーしたものを掲示し、書き込めるようにする。

❹段落の要点をまとめ、構成を整理する

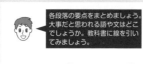

各段落の要点をまとめましょう。大事だと思われる語や文はどこでしょうか。教科書に線を引いてみましょう。

形式段落を確認してから、大事だと思われる語や文に線を引かせ、各段落の要点をまとめていく。その際、なぜその語や文が大事だと思ったかを言わせる。「〜だ。」とか「〜である。」とかいう断定的な文末の箇所や繰り返し出てくる言葉などに気付いていたら取り上げる。それから「初め」「中」「終わり」の構成を整理し、次時にはこのことをもとに要旨をまとめていく学習をすることを予告して授業を終える。

第1時 77

## 板書が分かる
実際の板書イメージで、記す内容や書き方を示しています。具体的な授業の様子がイメージできます。

---

忙しい！でも、いい授業がしたい！

授業準備の時間がないぞ…。

▼

『365日の全授業』は一目で授業づくりが分かる！

急いで確認！

▼

深くていい授業

読みが深まりましたね。

本書の使い方 5

# CONTENTS

## 目次

**購入者特典について**
本書の特典は，右のQRコード，または下記URLより無料でダウンロードできます。

URL ：https://meijitosho.co.jp/435312#supportinfo
ユーザー名：435312
パスワード：365kokugo3

はじめに

本書の使い方

## 第1章 授業づくりのポイント

1　指導内容と指導上の留意点 …………………………………………………… 010
2　資質・能力をはぐくむ学習評価 ……………………………………………… 014
3　国語教師の授業アップデート術 ……………………………………………… 018

## 第2章 365日の全授業　3年上

よく聞いて，じこしょうかい ……………………………………………………… 022
(1時間)

どきん ……………………………………………………………………………… 026
(1時間)

1　読んで，そうぞうしたことをつたえ合おう

きつつきの商売 …………………………………………………………………… 030
(8時間)

**本は友だち**

図書館たんていだん ……………………………………………………………… 048
(1時間)

国語辞典を使おう ............................................ 052
(2時間)

漢字の広場① ............................................ 058
(2時間)

春のくらし ............................................ 062
(2時間)

漢字の音と訓 ............................................ 068
(2時間)

もっと知りたい，友だちのこと ............................................ 074
[コラム] きちんとつたえるために
(6時間)

漢字の広場② ............................................ 086
(2時間)

2  段落とその中心をとらえて読み，かんそうをつたえ合おう

〈れんしゅう〉言葉で遊ぼう ............................................ 090
こまを楽しむ
[じょうほう] 全体と中心
(8時間)

気もちをこめて「来てください」 ............................................ 108
(6時間)

漢字の広場③ ............................................ 122
(2時間)

3  登場人物のへんかに気をつけて読み，感想を書こう

まいごのかぎ ............................................ 126
(6時間)

俳句を楽しもう ............................................ 138
(1時間)

こそあど言葉を使いこなそう ............................................ 142
(2時間)

[じょうほう] 引用するとき ……………………………………………… 148
（3時間）

仕事のくふう，見つけたよ …………………………………………… 156
[コラム] 符号など
（12時間）

夏のくらし ………………………………………………………………… 176
（2時間）

## 本は友だち

はじめて知ったことを知らせよう ………………………………… 182
鳥になったきょうりゅうの話
（5時間）

## 詩を味わおう

わたしと小鳥とすずと …………………………………………………… 194
夕日がせなかをおしてくる
（2時間）

山小屋で三日間すごすなら ………………………………………… 200
（3時間）

ポスターを読もう ……………………………………………………… 208
（2時間）

へんとつくり ……………………………………………………………… 214
（2時間）

ローマ字 …………………………………………………………………… 218
（4時間）

＊本書の構成は，光村図書出版株式会社の教科書を参考にしています。

第**1**章

# 授業づくりのポイント

# I 指導内容と指導上の留意点

## 1 上巻の収録内容

| 単元名 | 教材名 | 時数 |
|---|---|---|
| | よく聞いて，じこしょうかい | 1 |
| | どきん | 1 |
| 1 読んで，そうぞうしたことをつたえ合おう | きつつきの商売 | 8 |
| 本は友だち | 図書館たんていだん | 1 |
| | 国語辞典を使おう | 2 |
| | 漢字の広場① | 2 |
| | 春のくらし | 2 |
| | 漢字の音と訓 | 2 |
| | もっと知りたい，友だちのこと<br>[コラム] きちんとつたえるために | 6 |
| | 漢字の広場② | 2 |
| 2 段落とその中心をとらえて読み，かんそうをつたえ合おう | 〈れんしゅう〉言葉で遊ぼう<br>こまを楽しむ<br>[じょうほう] 全体と中心 | 8 |
| | 気もちをこめて「来てください」 | 6 |
| | 漢字の広場③ | 2 |
| 3 登場人物のへんかに気をつけて読み，感想を書こう | まいごのかぎ | 6 |
| | 俳句を楽しもう | 1 |
| | こそあど言葉を使いこなそう | 2 |
| | [じょうほう] 引用するとき | 3 |
| | 仕事のくふう，見つけたよ<br>[コラム] 符号など | 12 |
| | 夏のくらし | 2 |
| 本は友だち | はじめて知ったことを知らせよう<br>鳥になったきょうりゅうの話 | 5 |
| 詩を味わおう | わたしと小鳥とすずと<br>夕日がせなかをおしてくる | 2 |
| | 山小屋で三日間すごすなら | 3 |
| | ポスターを読もう | 2 |
| | へんとつくり | 2 |
| | ローマ字 | 4 |

10

## 2 指導のポイント

### 知識及び技能

#### ○漢字

　3年生になると，漢字を書ける児童と書けない（書くのが面倒である）児童の差がはっきりと見えはじめてきます。ただやみくもに，「漢字練習をしましょう」では，なかなか言葉の面白さには触れられません。そこで，「国語辞典を使おう」の単元で「漢字を使うと意味が分かり便利だな」という実感をもたせることで，漢字への必要感に気付けるよう指導したいものです。また「ひらがなで書いていた時は分かりづらかったなあ」「"言葉の意味"や"言葉の使い方"，"漢字での書き表し方"など使ってみると楽しい！」「もっと使って書いてみたい！」「漢字を覚えたい！」という目的意識がもてるよう導きます。さらに，国語辞典を使って言葉を調べることをどんどん日常化していきます。社会科や理科の時間に出てきた言葉なども自ら調べている子を見付け称賛し，学級に言葉と楽しく向き合う文化を創っていきます。

#### ○ローマ字

　身の回りには，道路でよく見かける地名を表す看板やパソコンの文字入力など，ローマ字を使う場面がたくさんあることに気付かせたいものです。そうすることで，ローマ字を必要感をもって使いたいという子どもの姿を引き出すことができます。

### 思考力，判断力，表現力等

#### ①話すこと・聞くこと

　相手や目的に応じた話の組み立て方や話し方，話の進め方などについて学習します。特に，以下のことができるよう，授業づくりの工夫をしたいものです。

- ◆話す　話の中心をはっきりと意識して，筋道を立てて話すことができる。
- ◆聞く　相手が何について話しているのか，話のまとまりに気をつけて聞くことができる。
- ◆話し合う

　　　　司会者は，何について話し合うか，また，手順や意見の整理などを意識して話合いを進行することができる。グループで話合いをする時は，自分の考えを先に言い，次にそう考えた理由を言うことができる。

### ☆授業づくりのポイント

　4年生では，より相手意識をもって話すことができるよう指導することになります。それは，「相手が聞きたいことは何だろう？」と考えながら話す内容をはっきりさせ筋道を立てて話すということです。そのためにも，3年生では，話の中心をはっきりと意識して，筋道を立てて話すことができるよう，相手が言っている内容をよく聞くということを特に大切にした授業づくりが求められます。4月「よく聞いて，じこしょうかい」で，繰り返し楽しく聞く活動を通

第1章　授業づくりのポイント　11

して，相手を意識して話したり聞いたりする授業をつくりたいものです。

　また，話し合うことについても意識しておきたいところです。グループで話し合う時の基礎基本を学ぶのが３年生です。司会の進め方からはじまって，意見の言い方などは他教科でも活用できる内容です。グループでの話合いは，話し合う内容を変えて繰り返し行うことを意識し，児童の成長をほめ認めることで継続的な指導となるよう工夫します。さらに，４年生では，クラス全体での話合いを学習することとなります。学級活動での話合いの機会などを通して，提案や記録などの役割の経験ができるよう教師として意識しておくことが大切です。

## ②書くこと

　書くことでは，「取材」「構成」「記述」「推敲」「交流」の五つを意識した指導をします。もちろんすべてをいっぺんに指導するのではなく，それぞれに重点を置いた指導が必要です。３年生としては，以下のことができるようにしたいものです。

◆取材　目的に応じて，インタビューしたり本で調べたりしながら題材を集めることができる。

◆構成　文章全体の段落の役割を意識し，集めた題材の中からさらに目的に合ったものを選び，自分の考えをはっきりさせることができる。

◆記述　書こうとすることの中心を明確にしながら目的や必要に応じて理由や事例を挙げて書くことができる。

◆推敲　繰り返し読み返しながら文章の間違いを正したり，よりよい表現に書き直したりすることができる。

◆交流　書き手の考えに注目し，質問したり自分の考えを述べたりすることができる。

## ☆授業づくりのポイント

　３年生の「書くこと」では，教科書での学習内容を，身近な生活の中で繰り返し児童が必要感をもって取り組める機会をつくることがポイントです。そのうえで，低学年でもやってきている交流をとおして，お互いのよいところを見付け，認め合いながら考えや気付きの違いのよさに気付かせることも大切になってきます。

## ③読むこと

　「読むこと」においては，以下の力がつくように指導したいものです。

◆物語文

　・音読　声の大きさや読む速さを工夫して，様子や気持ちを想像しながら読むことができる。

　・読み取る

　　　　叙述をもとに，場面の移り変わりに注意しながら登場人物の性格や気持ちの変化などについて読み取ることができる。

◆説明文

　・読み取る

　　　　目的に応じて，中心となる語や文をとらえて段落相互の関係や事実と意見との関係
　　　　を考え，文章を読むことができる。

◆交流を通した自分の考えの形成

　目的に応じていろいろな本を読み，考えたことを発表し合い，一人一人の感じ方に違いがあ
ることに気付きその考えを理解することができる。目的や必要に応じて，文章の要点や細かい
点に注意しながら読み，文章などを引用したり要約したりすることができる。

☆授業づくりのポイント

　「読むこと」を中心とした単元は，"目的や必要に応じて"ということを大切にして授業づく
りをするとよいでしょう。単に教材を深く読むということだけにとらわれず，"目的や必要に
応じて"「必要なところを見付けながら読む」「一番印象に残ったところを中心に感想を述べ合
う」など，一つの教材文だけにとらわれず，児童が本を選んで読む授業づくりを考えることで，
楽しく子どもたち主体の学びがつくれると思います。


## 3　苦手さのある子どもへの配慮

　「読むこと」の単元の多くには，扉のページがあります。ここには，「どんな～をしたことが
ありますか。」や「～何かを見付けます。それはいったい何でしょうか。」など，子どもたちへ
の問いかけの言葉があります。子どもたちは問いかけられることによって，イメージをふくら
ませます。「なんだろう？」「きっと○○だよ」「だんだん読んでみたくなってきたな」「○○に
ついて調べてみたくなってきたな」というような気持ちをしっかりとふくらませたり高めたり
したいものです。そうすることで，言葉への苦手意識を払拭させ，言葉の力をもった時の喜び
を味わわせてあげたいものです。

　「学習を広げよう」という付録が，教科書の後半部分に収録されており，「話すこと・聞くこ
と」「書くこと」「読むこと」の各領域で学習した，「たいせつ」についてまとめられたページ
があります。どのように学習が進められてきたか，順を追ってもう一度確認することで，子ど
もたちが安心して学習に取り組めるようになります。また，「知りたいことの見つけ方，調べ
方」「手紙の書き方」「げんこう用紙の使い方」「言葉のたから箱」など，繰り返し活用できる
ページがあります。学年のはじめの段階で紹介し，ここを活用することで考えたり書いたりす
ることが楽しくなるページとして，確認しておきましょう。

第1章　授業づくりのポイント　13

# 2 資質・能力をはぐくむ学習評価

## ① 2017年度学習指導要領改訂を踏まえた学習評価

今回の改訂で，子どもたちに育てることが求められているものは「資質・能力」です。

では，学習指導要領で示されている資質・能力とは一体何でしょうか。学習指導要領解説を見ると資質・能力は次のように説明されています。

ア 「何を理解しているか，何ができるか（生きて働く「知識・技能」の習得）」

イ 「理解していること・できることをどう使うか（未知の状況にも対応できる「思考力・判断力・表現力等」の育成）」

ウ 「どのように社会・世界と関わり，よりよい人生を送るか（学びを人生や社会に生かそうとする「学びに向かう力・人間性等」の涵養）

読んでみると，資質・能力とは，「何ができるか」「どう使うか」「よりよい人生を送るか」といった言葉に示されているように，授業で学習したことがその時間の中で完結してしまうのではなく，その後も生かしていくことを志向するものであることが見えてきます。

ここで，国語の授業を思い浮かべてみましょう。

4年「ごんぎつね」の最後の場面，ごんを撃ってしまった兵十は「ごん，おまいだったのか，いつも，くりをくれたのは。」とごんに語りかけます。ごんはぐったりと目をつぶったままうなずきます。そこで，私たちは，「ぐったりと目をつぶったままうなずいたごんはどんな気持ちだったのだろう」という学習課題を設定し，ごんの嬉しさ，切なさについて読み深めていきます。教室は，ごんの嬉しさ，切なさへの共感に包まれます。

ただし，この授業の評価が，登場人物の気持ちを想像した満足感だけにとどまっていたとすると，資質・能力の育成がなされたとは言い難いのです。

「子どもたちは本時を通して，何ができるようになったのでしょうか。」

この問いに対して答えられるような授業，そして評価規準が設計されていなければならないでしょう。

例えば，子どもが，まとめに「兵十のごんに対する呼び方が，それまで『ぬすっとぎつね』と悪い言い方をしていたのが『おまい』っていう友達に言うような言い方に変わったので，友達のように思ってもらえてごんはうれしかった」ということをノートに書いていれば，この子は，名前の呼び方の比較をすることで登場人物の心情の変化を想像することができるようにな

ったことを見取ることができます。

当然，子どもが「名前の呼び方の変化を比較する」という見方・考え方を働かせるためには，教師の働きかけが必要となります。

授業の位置付けにもよりますが，本時は子どもたちが学習課題を達成することとともに，何をできるようにさせたいのかを具体化して，授業を設計し，評価の俎上に載せていくことが，資質・能力の育成を目指す授業づくりでは大変重要です。

## 2 「知識・技能」にかかわる指導と評価

「知識・技能」にかかわる評価について，国立教育政策研究所教育課程研究センターが出している「『指導と評価の一体化』のための学習評価に関する参考資料」（以下，参考資料）には以下のように記載されています。

「知識・技能」の評価は，各教科等における学習の過程を通した知識及び技能の習得状況について評価を行うとともに，それらを既有の知識及び技能と関連付けたり活用したりする中で，他の学習や生活の場面でも活用できる程度に概念等を理解したり，技能を習得したりしているかについても評価するものである。

「知識及び技能の習得状況（下線　筆者）について評価を行う」という箇所は，これまでもよく行われてきたことだと思います。例えば，ひんぱんに行っている漢字テストなどは，その典型です。

一方で「他の学習や生活の場面でも活用できる程度に概念等を理解」という点については，あまりなじみがないという先生も多いかも知れません。

要するに，知識・技能の点においても，「何ができるようになるか」ということが大切にされているということです。

では，実際には，子どもたちのどのような姿を見取っていけばよいのでしょうか。

大まかに言えば，子どもが学んだ知識・技能を，実際に用いる場面を設ける，例えば，文章を書いて，自分の意見の説明をするという場面を設けるということが挙げられます。

案内の手紙を書く活動を行う３年上「気もちをこめて『来てください』」の教材を学習していく場面を例にとって説明します。

授業の中で，敬体と常体が混在している手紙，常体だけの手紙，敬体だけの手紙を比較させるなどをして，知識・技能の指導事項「丁寧な言葉を使うとともに，敬体と常体との違いに注意しながら書くこと。」（(1)キ）を指導します。

その授業の中で，子どもは案内の手紙の一部を，敬体を使って書いたとします。

子どもが書いたものから，学んだ知識・技能を，実際に用いる姿をとらえ，評価していくことができます。

第1章　授業づくりのポイント　15

## 3 「思考・判断・表現」にかかわる指導と評価

　国語科の場合は，これまで「話すこと・聞くこと」「書くこと」「読むこと」という領域での評価でしたが，まとめて，「思考・判断・表現」となりました。そうなると評価の在り方がずいぶんと変わるのではないかという不安をもってしまいます。

　けれども，「思考・判断・表現」というのは，〔知識及び技能〕と〔思考力，判断力，表現力等〕という二つの内容のまとまりのうちの一つであり，〔思考力，判断力，表現力等〕のまとまりが，さらに，「A話すこと・聞くこと」と「B書くこと」と「C読むこと」の三つに分けられているわけです。つまり，これまでの三領域がもう一つ上の階層の〔思考力，判断力，表現力等〕で束ねられているということなので，「思考・判断・表現」で評価していくといっても新たな評価項目を設定するというわけではなくて，具体的には各領域で評価をしていくということですので，評価の在り方は従来と変わりはないのです。

　「思考・判断・表現」にかかわる評価について，参考資料には以下のように記載されています。

　　「思考・判断・表現」の評価は，各教科等の知識及び技能を活用して課題を解決する等のために必要な思考力，判断力，表現力等を身に付けているかを評価するものである。

　　「思考・判断・表現」におけるこのような考え方は，従前の「思考・判断・表現」の観点においても重視してきたものである。

　この箇所からも，「思考・判断・表現」に関する指導や評価はこれまで同様でよいというニュアンスが感じ取れます。けれども，何から何までこれまでと変わりなくということになると，指導要領改訂の趣旨から外れてしまうでしょう。やはり，「主体的・対話的で深い学び」の視点から授業を設計し，子どもが，思考・判断・表現する場面を意図的に設定して指導，評価すべきでしょう。また，評価につながる言語活動としても，話し合いや，自分の考えを書くといった表現活動を積極的に行い，それらの様子を集めたポートフォリオを作るなど，子どもの「思考・判断・表現」のよさを様々な点から見取る工夫が必要になります。

## 4 「主体的に学習に取り組む態度」の評価の方法と工夫

　「主体的に学習に取り組む態度」にかかわる評価について，参考資料には以下のように記載されています。

　　「主体的に学習に取り組む態度」の評価に際しては，単に継続的な行動や積極的な発言を行うなど，性格や行動面の傾向を評価するということではなく，各教科等の「主体的に学習に取り組む態度」に係る観点の趣旨に照らして，知識及び技能を習得したり，思考力，判断力，表現力等を身に付けたりするために，自らの学習状況を把握し，学習の進め方について試行錯誤するなど自らの学習を調整しながら，学ぼうとしているかどうかという意思的な側

面を評価することが重要である。

引用箇所の前半に記載されている「単に継続的な行動や積極的な発言を行うなど，性格や行動面の傾向を評価するということではなく」というのは，毎時間ノートをまめにとっているとか，授業中に挙手が多いとか，性格や行動の傾向が一時的に表れた姿を評価の対象にするのではないということです。

では一体，何を評価するのでしょうか。

参考資料では，「『主体的に学習に取り組む態度』の評価規準の設定の仕方」の箇所に以下のように記載されています。

　　①粘り強さ〈積極的に，進んで，粘り強く等〉

　　②自らの学習の調整〈学習の見通しをもって，学習課題に沿って，今までの学習を生かして等〉

　　③他の２観点において重点とする内容（特に，粘り強さを発揮してほしい内容）

　　④当該単元の具体的な言語活動（自らの学習の調整が必要となる具体的な言語活動）

参考資料には，評価規準の設定例として「進んで，登場人物の気持ちの変化について，場面の移り変わりと結び付けて具体的に想像し，学習課題に沿って，感じたことや考えたことを文章にまとめようとしている」とありますが，私たちが授業をつくっていく時に特に考えていくべきは上の①と②でしょう。

子どもが粘り強さを発揮したり，自らの学習の調整をしたりするためにはどのような授業を構想し，何をどのように評価するのかの実践と工夫を重ねることが必要となります。


## 5 子どもの学びに生きる評価の工夫

評価は何のために行うのでしょうか。

通知表を付けるためでしょうか。もちろん，学期末の評定の資料に使うという目的もあるでしょう。けれども，もっと大切なことが二つあると思います。

一つは，私たちの授業改善でしょう。本時に見取った子どもたちの学習状況から授業を振り返り，より質の高い授業につなげていくことができるでしょう。また，次時の授業の内容を考える際の参考にもなるでしょう。二つは，子どもが一層輝くためでしょう。子どものよさを見取り，子どもに返すことで，その子の自信につなげることができます。また，課題を見取った際には，適切な支援を図ることで，その子の力は伸びていきます。前もって子どもと評価規準の共有をしたり，多様な評価場面を設定し，評価を行う等の工夫をしたりすることで，評価を通して，一人一人のよさを引き出し，一層輝かせていくことを目指したいです。

第1章　授業づくりのポイント　17

# 3　国語教師の授業アップデート術

　改訂された学習指導要領では「主体的・対話的で深い学び」という授業改善の新しい視点が示されました。そして，学校には一人一台のタブレット PC が導入され，新しい教科書には新しい教材と新しい指導法が入るなど，教育界には日々新しいものが流れ込んできます。そこで，ここでは，授業をアップデートする視点をいくつか紹介します。アップデートはある日突然すべてがまったく新しいものに切り替わることを意味するわけではありません。これまでの方法をちょっといいものに上書きするだけです。まずは気軽にはじめてみてください。

## ■ タブレット PC（iPad）の活用

### 一人一台のタブレット PC で授業はどう変わるか

　GIGA スクール構想により，配備が進むタブレット PC。あまり構えず「ちょっと見た目が新しい文房具」という意識で付き合ってみるとよいでしょう。例えば，"付箋"は便利な文房具です。1 枚ごとにアイデアを書き出して「視覚化」し，類比や対比をしながら並べ替えて「分類」「整理」をするなど，情報を具体物として操作できるよさがあります。しかし，個別に配付する手間，操作に必要なスペース，貼り終わった後の処理などの面倒に思える部分があるのも事実です。そこで，これらの操作をタブレット PC で代用してみてはどうでしょう。台紙の配付も集約も整理もあっという間ですし，子どもが指先で直感的に操作できる操作性のよさはもちろん，電子黒板やプロジェクターを使えば簡単に全員の記録を見せることもできます。もちろん写真を撮って記録をする必要もなく，そのまま次の授業で続けることができます。また，作文の下書きをワープロソフトで書かせてみてはどうでしょう。鉛筆とは異なり，間違えた時や言葉を付け足したい時にすぐ直せるので，子どもは自由な表現に集中することができます。あとは印刷して清書するだけです。このように，タブレット PC だからと構えず，現行の教具をちょっとよくする使い方から始めてみましょう。

### プロジェクターを併用すると板書はどう変わるか

　教師が授業を行ううえで必須の教具は何かと問われた時に，まず挙がるのは黒板でしょう。一口に板書といっても，そこには「集中」「収集」「整理」「焦点化」「強調」「補完」といった様々な機能が集約されています。中でも「集中」や「強調」といった機能は ICT の得意分野です。プロジェクターや大画面モニターを利用した動画やプレゼンテーションの提示は教材への没入度を高め，学習内容の理解を深める効果が期待できます。また，一人一台のタブレット

PCを使えば，意見の「収集」「整理」を短時間で美しく板書で見せることもできます。このように，単機能に特化すると優秀なのですが，ICTだけを用いて授業を進めることは避けるべきです。なぜなら，板書が本来もっている学びの基地として役割が果たせないからです。学びの基地とは，1時間の授業の流れや子どもの活動の足跡が残ることを意味します。パッパッと切り替わるスライドを目で追うだけでは，今何をやっているのか，先ほど何を学んだのか，子どもが自分のペースで振り返ることができなくなります。また，ノートに視写する手間がなければ，記憶として頭に残る割合も減ってしまうのです。ですから，これから始まるICTを併用した板書では，何を書き，どこにICTを使うか，これまで以上に授業者のねらいを明確にしていく必要があるのです。

## 2 学びを深める「思考ツール」の活用

思考ツール（シンキングツール）とは，情報を整理したり思考をクリアにしたりすることで，多角的多面的な見方を可能にする図表群を表します。国語授業をアップデートするためにまずオススメするのは，手順を流れで整理する「ステップ・チャート」と，情報を軸で整理する「マトリックス」です。国語の板書は縦書きを基本とするため，右から左に進む巻物のようになり，文脈による理解が必要になります。そこで，枠囲みと矢印を使って順番を整理すると，それだけで理解しやすくなります。また，子どもの意見を集約する時に，十字の線を引いてそれぞれの属性に合わせて整理するだけで，共通点が見えやすくなります。このように普段の板書に適切な思考ツールを取り入れるだけで，構造化の度合いがぐんと高まるのです。

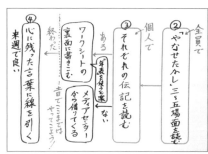

ステップ・チャート

マトリックス

さらに，物語の読解では「プロット図」が役立ちます。物語のプロットを山型に示したもので，それぞれの場面における心情の上昇や下降が明確になるよさがあります。人物の心情を読み取ってからつくる心情曲線とは異なり，普遍的な物語の構成を単純化しているため，どの作品にも使いやすいことが特徴です。

まずは教師が授業の中で積極的に使い，思考ツールを子どもの身近なものにしていきましょう。そして，学年

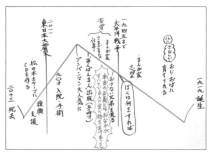

プロット図

第1章 授業づくりのポイント 19

の終わりには子ども自身が目的や場面に応じて選択し，活用できるようにするのがゴールです。

## 3 「ペア・グループ活動」の活用

　言語活動の充実が叫ばれた時に，多くの教室で「ペア対話」が取り入れられました。全体に発表する前に自信をつける，すべての子どもに表現の機会を与えるなど，簡単に取り組めるうえに効果が高い活動として今でもよく使われています。そのペア対話をアップデートするポイントを二つ紹介します。一つは「ペア対話」を世に知らしめた元筑波大学附属小学校の二瓶弘行先生が大切にされていた「"やめ"と言われるまで話し続ける」ことです。話し続けることは対話に対する構えをつくることにつながります。話題が尽きたら同じ話を繰り返してもよいから，とにかく話し続けることを子どもに指示します。もう一つは上越教育大学教授の赤坂真二先生がよく使われる「話のきっかけをつくる」ことです。例えば，知っている動物について話し合わせたい時には「隣の席の動物の専門家に聞いてみましょう」のような言葉を用いて促すことで，子どもは自然と相手に「訊く」構えが生まれます。どちらも効果は絶大です。

　グループ学習ではこれまで様々な手法が提案されてきましたが，国語授業のアップデートとして試してほしいのが"外向き花びら型グループ学習"です。机を合体させ，顔を向き合わせて行うのが通常のグループ学習ですが，これは机を花びらのように外側に向け，背中を内側に向けた形になります。一人学びの時は集中しやすいように外を向き，話し合いたい時には内側を向いて膝を寄せるようにします。子ども自身が学習のスタイルを選択でき，探究型の長時間に渡る学びにも対応できる，オススメの型です。

## 4 「マルチ知能・脳科学」の知見

　「個に応じた学び」は大切です。そして，本当の意味で個性に適した学習を考えるには，子どもがもつ複数の能力を見極める視点が必要です。それがハーバード大学のハワード・ガードナー教授が提唱する「マルチプル・インテリジェンス」です。「言語能力」や「空間能力」をはじめとした八つの能力を窓として見ることで，その子どもの個性や得意分野，興味に合わせて成長をサポートすることができます。例えば，説明文の読解をする際に，中心となる語句をうまく抜き出せない子どもがいたとします。「音感能力」が高いのであれば，リズムに合わせたり，特定の言葉だけ大きな声で言わせたりといった音読する場面を設けることで気付きが得られるかもしれません。「論理的・数学的能力」が高いのであれば，同じ言葉が繰り返される回数や配置に着目させることで規則性を見出すかもしれません。「人間関係・形成能力」が高ければ，友達と交流させることで答えを引き出していきます。八つすべては無理であれ，授業の方略を複数用意する効果的な視点となるでしょう。

第2章

365日の全授業　3年上

# よく聞いて，じこしょうかい

**1時間**

## ❶ 単元目標・評価

・声の大きさや速さに気をつけながら，しっかり相手に伝わるよう「自分の好きなもの」を紹介できる。（知識及び技能(1)イ）

・「友達の好きなもの」は何かをとらえながら聞き，つなげて「自分の自己紹介」とともに紹介することができる。（思考力，判断力，表現力等 A(1)イ・ウ・エ）

・言葉がもつよさに気付くとともに，幅広く読書をし，国語を大切にして，思いや考えを伝え合おうとする。（学びに向かう力，人間性等）

| 知識・技能 | 声の大きさや速さに気をつけながら，しっかり相手に伝わるよう「自分の好きなもの」を紹介している。((1)イ) |
|---|---|
| 思考・判断・表現 | 「話すこと・聞くこと」において，「友達の好きなもの」は何かをとらえながら聞き，つなげて「自分の自己紹介」とともに紹介している。(A(1)イ・ウ・エ) |
| 主体的に学習に取り組む態度 | 聞いたり，伝えたりすることを楽しみながら，「友達や自分の好きなもの」について伝え合おうとしている。 |

## ❷ 単元のポイント

### 言語活動

　第3学年の国語科のはじめの単元である。だからこそ，言語活動を通して，子どもたちに「国語の学習は楽しい」ということを印象付ける必要がある。この1年間，国語の学習を進めていく中で，自分のことを「話す楽しさ」，友達の話を「聞く楽しさ」があることを，この単元を通して子どもたちに少しずつ実感させていく必要がある。

　そのためには，子どもたちが安心して活動できる場の設定が重要である。スモールステップでやり方を理解できる場。少しずつ段階が上がり自分ができるようになっていくことが分かる場。失敗してもよい雰囲気や教師や友達から認められているのが伝わる場。そのような場の中で，子どもたちが楽しみながら進んで活動することを，国語の学習の充実感としてつなげたい。

　そして，相手の話を聞いて考えたことを関連させて発言させる活動は，友達の話を聞いて「つながる楽しさ」につながる。友達の自己紹介をポジティブにつなげさせ，集団で学ぶことの価値について子どもたちに味わわせたい。

22　よく聞いて，じこしょうかい

## 3 学習指導計画（全 1 時間）

| 次 | 時 | 目標 | 学習活動 |
|---|---|---|---|
| 一 | 1 | ・「友達の好きなもの」は何かをとらえながら聞き，つなげて「自分の自己紹介」とともに声の大きさや速さに気をつけながら紹介することができる。 | ・活動のやり方を知る。<br>・自分の好きなものを考える。<br>・つなげながら自己紹介する。<br>・友達の発表をしっかり聞いて，つなげながら自己紹介する。<br>・聞いて思ったことを紹介する。 |

### 「2人組で話す場」の活用

　隣の人と「2人組で話す場」は，教師の指示でいつでもすぐにできる手軽な活動です。みなさんは，授業のどんな場面の中で，「2人組で話す活動」をさせていますか。

　「2人組で話す場」は，「自分の考えを伝える機会」だけでなく，「相手の考えを聞く機会」，「考え出す機会」，「相談する機会」，「練習する機会」，「たくさん発想する機会」，「考えを確認する機会」，「違いを比べる機会」，「考えをまとめる機会」など，たくさんの場面で有効です。

　「お互いの考えを伝える機会」として2人組で話させるのであれば，ある程度の時間を保障する必要がありますが，学級全体への活動へつなげる「考え出す機会」として2人組で話させるのであれば，時間を与えすぎると2人組で話すことで満足しすぎてしまい，その次の学級全体への活動で挙手をしないなどの弊害もあります。

　今回の単元では，「2人組の活動」を「ゲームのやり方を練習する機会」，「自分の好きなものをたくさん発想する機会」，そして，最後の振り返りとしての「それぞれの考えを伝える機会」として設定しています。それぞれの学習活動が充実するために，何のために「2人組で話す場」を設定するのか教師が考え，それに応じて，時間・場の設定や，次への展開への仕掛けなど「2人組で話す場」の活動を工夫して働きかけていきましょう。

### 友達の意見に関連させて意見を出させる習慣付け

　話し合いの意見交流の中で，子どもたちがそれぞれ自分の意見を言うだけで，話し合いが深まらなかったということがありませんか。教師が「他に何かありませんか？」としか，子どもたちに働きかけていない場合，子どもたちは，「他の意見」を言うだけで，関連させて意見を出すことはありません。教師が「今の意見について，何かありませんか？」と働きかけたり，「このことについて，ちょっと考えてみよう。」と着目させたりすることで，子どもたちは「同じ」「似ている」「違う」「付け足し」や「賛成」「反対」など，関連させて意見を出すことができます。そのほかにも，しっかり「分からない」と言えたり，「質問」したりできるといった子どもたちがつながりながら学習していく学級を育てていきましょう。

# よく聞いて，じこしょうかい

準備物：ボール（自己紹介する人の目印になるもの）

● **安心して楽しく活動できる場を**

4月はじめの学習であるからこそ，クラス全員が安心して楽しく活動できる場を何よりも意識します。ルールがしっかり理解できるよう，説明だけでなく見本を見せたり，2人組で練習させたり，少人数から活動させたり，スモールステップを意識しながら進めていきます。楽しさや，間違えてもよい雰囲気づくりも大事ですね。

● **自分の好きなものは複数考えさせておく**

「つなげて自己紹介する活動」を始める前に，もととなる「自分の好きなもの」について，時間を取って複数考えさせます。そうすることで，「友達の自己紹介」を聞いた時に自分と関連させて発表を聞くことができたり，「友達の好きなもの」を聞いて思ったことを紹介する活動の際に，自分と関連させて意見を出しやすくなったりします。

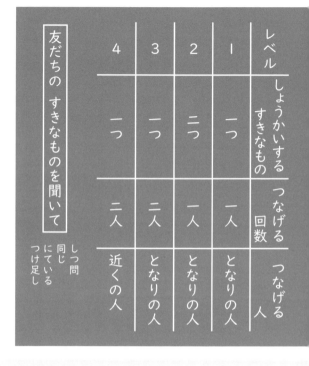

| レベル | 1 | 2 | 3 | 4 | 友だちの すきなものを聞いて |
|---|---|---|---|---|---|
| しょうかいする すきなもの | 一つ | 二つ | 一つ | 一つ | |
| つなげる回数 | 一人 | 一人 | 二人 | 二人 | |
| つなげる人 | となりの人 | となりの人 | となりの人 | 近くの人 | しつ問 同じにつけ足し |

### ❶ 活動のやり方を知る

まず，先生と前に座っているAさんで見本を見せますね。

なるほど。やり方が分かったわ。

しっかり活動させたい時こそ，少しずつ理解させていくスモールステップの視点が大事である。やり方を説明するだけでなく，見本を見せたり，2人組で練習させたり，少しずつ活動の幅を広げていく。また，「自分の好きなもの」についても，ヒントとしてテーマの例を示したり，たくさん発想する場を設定したりすることがその後の言語活動の充実につながっていく。

### ❷ つなげながら自己紹介する

すごい！ 4人もボールがつながりましたね！ 次の列は，どのレベルにチャレンジしますか？

さっきより難しいレベルにチャレンジしたいなあ。

4人全員の紹介をつなげてみたいわ。

最初は，少なめ（3～5人）の人数で，机の縦の列を使って前から後ろへと自己紹介をつなげていく。その後，6～10人と少しずつ活動人数を増やす。簡単な活動の後でも，教師がほめることが大事である。それにより，達成感や自信をもって活動することができる。黒板にレベルを示すことも，活動後に達成感が生まれたり，次の活動への目標をもったりと，意欲につながっていく。

| 本時の目標 | ・「友達の好きなもの」は何かをとらえながら聞き，つなげて「自分の自己紹介」とともに声の大きさや速さに気をつけながら紹介することができる。 | 本時の評価 | ・「友達のすきなもの」は何かをとらえながら聞き，つなげて「自分の自己紹介」とともに声の大きさや速さに気をつけながら紹介している。 |

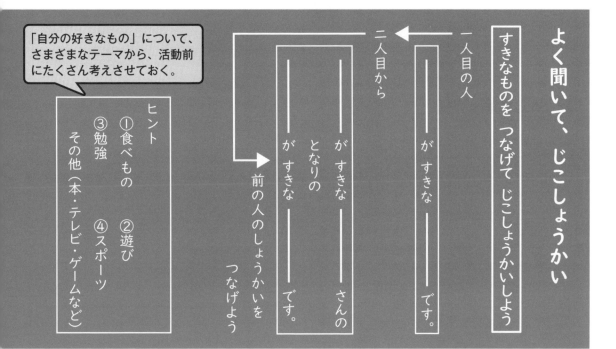

「自分の好きなもの」について、さまざまなテーマから、活動前にたくさん考えさせておく。

よく聞いて、じこしょうかい

すきなものを つなげて じこしょうかいしよう

一人目の人
　―――― が すきな
　―――― です。

二人目から
　―――― が すきな
　となりの―――― さんの
　―――― が すきな
　―――― です。

前の人のしょうかいをつなげよう

ヒント
① 食べもの　② 遊び
③ 勉強　　　④ スポーツ
その他（本・テレビ・ゲームなど）

▶

### ❸ 友達の発表をしっかり聞く

次は，「となりの人」ではなく，「近くの人」にボールをつなげましょう。

先生が3秒数える間にボールを渡しましょう。

犬 が好きな ○○ さんの近くの野球 が好きな △△ です。

いつ来るか分からないからちゃんと聞いておかなくちゃ。

　活動に慣れてきたら，「となりの人」だけでなく，「近くの人」にボールを渡せるルールを加え，いつ自分のところに順番が来るのか分からない場を設定することもできる。忘れてしまった子がいたら，みんなでヒントを考えたり，応援したり，「教室はみんなで一緒に学習する場」だと示すことが何よりも重要である。

### ❹ 聞いて思ったことを紹介する

友達の好きなものを聞いて，思ったことを紹介しましょう。

私は，○○さんの話を聞いて，〜というところが似ていると思いました。
わけは，…。

私の紹介を聞いてくれたんだ。友達になりたいな。

　友達の好きなものを聞いて，「しつ問」「同じ」「にている」「つけ足し」など，子どもたちがポジティブにつながることができる場を設定する。
　そうすることで，学級の子どもたち同士の仲が深まるだけでなく，友達の発言をしっかりと聞き，友達の発言に関連させて発言することの価値に気付かせることができ，学習する際の習慣付けや学級づくりにも効果的である。

# どきん

**1時間**

## 1 単元目標・評価

・言葉の違いを感じながら，声や動作で詩を群読することができる。（知識及び技能(1)ア・ク）

・書かれている言葉から「わたし」の変化について考えることができる。（思考力，判断力，表現力等C(1)オ・カ）

・言葉がもつよさに気付くとともに，幅広く読書をし，国語を大切にして，思いや考えを伝え合おうとする。（学びに向かう力，人間性等）

| 知識・技能 | 言葉の違いを感じながら，声や動作で詩を群読している。（(1)ア・ク） |
|---|---|
| 思考・判断・表現 | 「読むこと」において，書かれている言葉から「わたし」の変化について考えている。（C(1)オ・カ） |
| 主体的に学習に取り組む態度 | 楽しみながら詩を音読し，書かれている内容について自分なりに表現しようとしている。 |

## 2 単元のポイント

### 教材の特徴

　擬音語・擬態語など「音や様子を表す言葉」をまとめて，「オノマトペ」という。日本語は，言葉が多様にあり，細かな表現の違いを言葉で表すことができ，「オノマトペ」も多様にある。

　今回学習する谷川俊太郎さんの「どきん」という詩には，各行の上の段に，話者である「わたし」の心の中を表しているのであろう描写を描き，下の段には上の段に対応した10種類の「オノマトペ」が描かれている。この上の段の心の描写と下の段の「オノマトペ」によって，「わたし」がそれぞれ行ごとに何をして何を考えているのか想像することができる教材である。

### 言語活動

　教科書には，「学習の手引き」として，「言葉の調子を楽しみながら音読する活動」と「オノマトペの部分を体の動きで表す活動」を紹介している。そこで今回の単元では，音読とともに「わたし」の行動や「オノマトペ」の動作化表現や，声や動作の役割に分けて群読，最後は「わたし」の行動に着目して「わたし」の気持ちや物語の続きを考える活動を行っていく。

26　どきん

## ③ 学習指導計画（全１時間）

| 次 | 時 | 目標 | 学習活動 |
|---|---|---|---|
| 一 | 1 | ・「どきん」の詩を群読し，書かれている言葉から「わたし」の変化について考えることができる。 | ・それぞれの行の上の段をもとに，下の段に当てはまるオノマトペについて考える。<br>・「どきん」の詩を行ごとに何度も音読する。<br>・書かれている内容からそれぞれの動作について考える。<br>・声と動作で役割に分かれて群読する。<br>・話者である「わたし」の変化について考える。 |

### 繰り返しの音読から，動作化も入れた群読へ

　詩は短い文章なので，行ごとに読む活動として，「先生の後に」「先生と交代で」「列ごとに」「隣同士２人組で」など，さまざまな音読する場を簡単に設定することができます。何度も楽しんで音読させながら，書かれていることをまず理解させましょう。

　その後，それぞれのオノマトペを動作化させたり，上の段に書かれていることを動作化させたりと，音読に動きを入れさせていきます。そして，声と動作，読む場所など役割を分けて，学級全体で「群読」する活動につなげていきましょう。

### 叙述とオノマトペを結び付ける

　声や動きで楽しく群読させた後は，「わたし」の行動に着目して改めて動作化させましょう。なぜこのオノマトペが入るのか考えることや，「わたし」の気持ちについて考えていくことで，この「どきん」という詩に書かれている情景が見えてきます。

　まず，第１連の「わたし」の行動に着目させましょう。２行目，３行目，４行目には，それぞれ上の段に同じ「おす」（押す）という言葉が使われています。それぞれ「わたし」の押し方はどう変わっていったのでしょうか。「ゆらゆら」「ぐらぐら」「がらがら」というオノマトペの違いを押さえると，「わたし」が押す力を強めていったことが想像できます。

　次に，第２連の「わたし」の行動に着目させましょう。６行目，７行目については，一見，物語性のない無関係な表現に見られますが，８行目に出てくる風が「ごうごう」ではなく「そよそよ」であることや，９行目の「わたし」が歩き始める足音がこっそり歩こうとする「ひたひた」であることから，６行目，７行目，８行目の中で，４行目で自分が倒してしまったことに対して，「わたし」がそれぞれ「引力」「地球」「風」のせいにしていることが分かります。「えへへ」とごまかそうとしている５行目からの描写から，それでも「どきん」と10行目でドキッとしてしまう「わたし」の心の中が，「わたし」の立場で読んでいくと見えてくるでしょう。

単元について　27

# 1 / 1時間 どきん

準備物：黒板掲示用資料

● 導入時〜前半部の仕掛けづくり

　前半，上の段と対応するぴったり合うオノマトペを選ばせる中で，「なんでここ『そよそよ』なんだろう。」や，「なんでここに，『ひたひた』という言葉が入るんだろう。」と，なんとなくつぶやいておきましょう。後半で「わたし」の気持ちを解明させていくための大事な仕掛けとなるでしょう。

● 語り手「わたし」を示す

　授業後半でこの詩の語り手を「わたし」と示し，登場させることで，その人物像について考えさせる機会を作るだけでなく，その人物の気持ちを主観的に考えることができます。なぜ「わたし」は風も吹いていることを語ったのか，なぜ「わたし」は「ひたひた」と静かに歩き始めたのか，などから「わたし」の気持ちが出てきます。

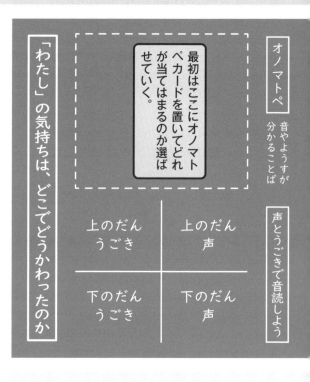

## ❶ぴったりと合うオノマトペを選ぶ

（教科書にあるオノマトペからぴったり合うオノマトペを考えさせる。）
「さわってみようかなあ」の後はどの言葉がぴったり合うでしょうか？

（オノマトペが変わるとイメージがどう変わるか考えさせる。）
「そよそよ」のところが「ごうごう」に変わると，何か変わるでしょうか？

　いきなり詩の全文が書かれている教科書を開かせるのではなく，それぞれの行の上の段をもとに，下の段を考える活動を入れる。選択肢から選ぶ活動やクイズ形式でテンポよく当てはめていく活動が導入としてふさわしい。

　下の段がはまって全文が完成した後に，何度も音読させ，違うオノマトペを入れるとどう変わるのか，比較する活動もいくつか入れていく。

## ❷音読に合わせて動作化して表現する

上の段の
「さわってみようかなあ」のところはどんなふうに動きを入れたらよいでしょうか？

こんな感じかな。

さすが！　面白いですね。
じゃあ下の段の「つるつる」のところはどんなふうに動きを入れたらよいでしょうか？

　教師の読みに合わせて，子どもたちに動きを入れさせる。いきなりすべてを考えさせるのは難しい活動なので，スモールステップで考えさせていく。「言葉ごとに」「行ごとに」「1行だけ選んで」「2人組で交代に」など，少しずつ活動の幅を広げながら，友達の考えた動きを見せる場も設定する。

　また，教師がほめて認めることで，子どもたちに考える楽しさを何より実感させたい。

| 本時の目標 | ・「どきん」の詩を群読し，書かれている言葉から「わたし」の変化について考えることができる。 | 本時の評価 | ・「どきん」の詩を群読し，書かれている言葉から「わたし」の変化について考えている。 |

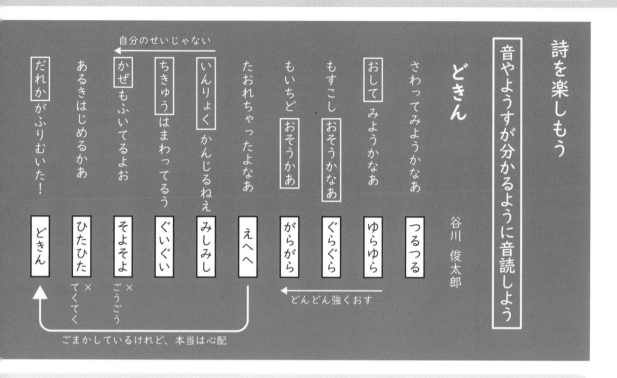

### ❸役割に分かれて群読する

|  |  |
|---|---|
| 上のだん うごき | 上のだん 声 |
| 下のだん うごき | 下のだん 声 |

　上の段と下の段，音読と動作化，四つの役割に分かれて群読する。上の段と下の段で分かれているため，自分の活動の時だけ起立させて発表するといった，立ったり座ったり，シーソーのような形で群読させていくと，表現しているのが分かりやすい。
　上手くできたら，役割を交代させ，様々な立場で活動させていく。

### ❹語り手「わたし」について考える

　最後に，語っている「わたし」の気持ちや詩の物語性について考えさせていく。
　考える際に，詩の中にいる「わたし」の存在を示し，「わたし」の立場のもと，動作を確認させていく。「わたし」の「気持ちはずっと同じだったのか」「どこで変わったのか」「この後，続きはどうなるのか」など，使われている「オノマトペ」をもとに，子どもたちの考えを交流させていく。

1 読んで，そうぞうしたことをつたえ合おう

# きつつきの商売

8時間

## 1 単元目標・評価

・文章全体の構成（時・場・人物）や場面の様子や移り変わりを意識しながら音読することができる。（知識及び技能(1)ク）
・登場人物の行動や気持ちなどについて，叙述をもとにとらえることができる。（思考力，判断力，表現力等C(1)イ）
・言葉がもつよさに気付くとともに，幅広く読書をし，国語を大切にして，思いや考えを伝え合おうとする。（学びに向かう力，人間性等）

| 知識・技能 | 文章全体の構成（時・場・人物）や場面の様子や移り変わりを意識しながら音読している。（(1)ク） |
|---|---|
| 思考・判断・表現 | 「読むこと」において，登場人物の行動や気持ちなどについて，叙述をもとにとらえている。（C(1)イ） |
| 主体的に学習に取り組む態度 | 進んで登場人物の行動や気持ちをとらえ，学習課題に沿って，読んで想像したことを伝え合おうとしている。 |

## 2 単元のポイント

### この単元で知っておきたいこと

　この教材では，人物が場面を変える大きな要素となっている。1場面の登場人物は，きつつきと野うさぎだったのが，2場面では，きつつきと野ねずみの家族に変わっている。子どもによっては「人間じゃないから登場人物ではない」ととらえている場合もある。そこで，「登場人物」とは，人間以外の動物であっても物語の設定上で人間と同じように話していたり動いていたりするものを指すということをきちんと押さえておきたい。

### 教材の特徴

　この教材は，「コーン。」「シャバシャバシャバ。」「パシパシピチピチ。」などのオノマトペが使われている。このカタカナで表された表現を音声言語してどのように表すのかは子どもの工夫に委ねられる。教材文の言葉を「どのように音読すればよいのか」，そして「それはどうしてか」を問い，音読することを通して，内容も深く読み取ることができる。

30　きつつきの商売

## 3 学習指導計画（全8時間）

| 次 | 時 | 目標 | 学習活動 |
|---|---|---|---|
| 一 | 1 | ・物語に興味をもって自分なりに音読を行い，自分なりの感想をもつことができる。 | ○読みを深めていくために音読発表会をするということを説明する。<br>・初発の感想を書き，発表する。 |
| 二 | 2 | ・場面は「時」「場」「人物」で分けることができ，物語は場面が展開することによって進んでいくことを理解できる。 | ○場面が「時」「場」「人物」で分けられることを押さえる。<br>・「場面」に分け，時・場・人物を確認する。 |
| 三 | 3 | ・音を表す言葉をどのように表現すればよいのか，前後の叙述から音読をとおして表現できる。 | ○「1場面」の叙述に注目して音読する。<br>・きつつきの叩く「コーン。」という音がどのように聞こえたのか，前後の叙述から音読する。 |
| | 4 | ・登場人物の行動から情景を想像することができる。 | ○人物の行動から心情を想像する。<br>・野うさぎが黙って音を聞いていたのは，きつつきの叩いた音の余韻に浸っていたためであることを読み取る。 |
| | 5 | ・「2場面」の叙述に注目して音読することができる。 | ○「2場面」の叙述に注目して音読する。<br>・きつつきや野ねずみたちに聞こえた雨の音について，前後の叙述から音読する。 |
| | 6 | ・人物の行動から心情を想像することができる。 | ○人物の行動から心情を想像する。<br>・雨の音を聞いた後の野ねずみたちが目と音で確かめながら特別メニューを聞き入る様子ついて読み取る。 |
| 四 | 7 | ・好きな場面を選び，音読の工夫について書き込みながら，音読発表会の練習をしようとする。 | ○好きな場面を選び，音読の工夫について書き込みながら，音読発表会の練習をする。<br>・場面や情景の様子を工夫して音読する。 |
| | 8 | ・音読発表会で自分なりの音読をしようとするとともに，友達の音読を聞き合おうとする。 | ○音読発表会で工夫して音読をし，友達の音読を聞き合う。<br>・場面や情景の様子を書き込んだ音読の工夫を意識して音読する。<br>・友達の音読を聞いて感想を伝える。 |

## 音読の技法としての「間」

　「どんなふうに読みますか？」という問いかけには，読み手の解釈が含まれます。教材文を音声言語化する際には，読み手がどのように感じ，どのような表現で，どう伝えようかという意識が生まれます。そこに聞き手が加われば，「ちゃんと伝えたい」という必然性も生じます。工夫して音読する際の技法として，「強く⇔弱く」「早く⇔遅く」「高く⇔低く」という声の違いがありますが，さらにもう一つの工夫が「間」です。特に「大切な場所」や「ぜひここは聞いてほしい」というお気に入りの場所の前などに，しっかりと「間」を意識させてみましょう。

単元について　31

# きつつきの商売

準備物：なし

● **教師の範読は控えめに**

音読発表会で教材文をどのように読むのか，その工夫は子どもに考えさせたいところです。

教師があまりにも上手に感情を込めて範読すると，子どもは先生の読みを真似しようとしてしまいます。ここでの範読は，控えめな音読にしておきましょう。

● **なかなか書き出せない子への配慮**

感想を書く際に，なかなか書き出せない子どもがいます。

そんな時は，「ぼくは，○○と思いました。その理由は……」と書きはじめの文章を示してあげましょう。

１行でも書きはじめることができると安心し，次の言葉が生まれやすいです。

❶ 教師が範読する

❷ 子どもが音読する

「どんなお話でしょうか？」と興味をもたせながら範読する。

ただし，音読発表会をするという単元課題があるため，教師の音読は極端に感情を込めずに読むほうがよい（上手でなくてもよい）。

範読が終わった後，「このお話で，音読発表会をしてもらいます。」と単元のゴールを示す。

「分からない言葉があったら，後で説明します。『分からない言葉があるかな？』と考えながら読みましょう。」「音読発表会では，１の場面か２の場面のどちらかを選んで読んでもらいます。『どっちがいいかな？』と考えながら読みましょう。」などと，目的をもって音読させる。

今後の授業でも，なんとなく読ませないようにする。

| 本時の目標 | ・物語に興味をもって自分なりに音読を行い，自分なりの感想をもつことができる。 | 本時の評価 | ・物語に興味をもって自分なりに音読を行い，自分なりの感想をもっている。 |

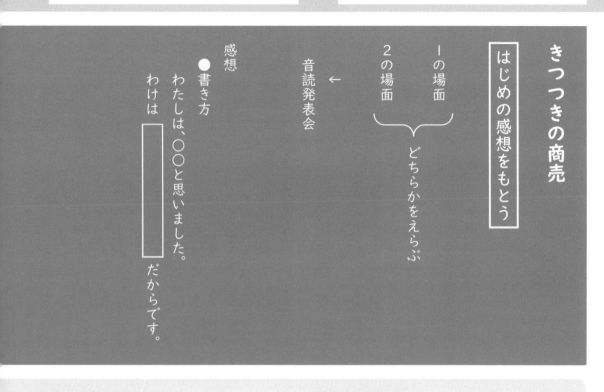

きつつきの商売

はじめの感想をもとう

1の場面
2の場面　} どちらかをえらぶ

← 音読発表会

感想
●書き方
わたしは、〇〇と思いました。
わけは□だからです。

### ❸初発の感想を書く

このお話を読んでどんなことを感じましたか？

物語を読んだ感想を書く。
・どう思ったのか。
・いいなぁと思ったところはどこか。
・何か分からないところはないか。
・変だな、おかしいなと思ったところはないか。
・自分だったら…。

### ❹感想を発表する

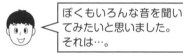

ぼくもいろんな音を聞いてみたいと思いました。
それは…。

私はとても素敵な気持ちになりました。
だって…。

　最初の時間に全員が発表することは時間的にも難しい。
　そこで、「ぜひ読みたいという人はいますか。」と問いかけたり，机間指導しながら，みんなに聞かせたいなぁと思ったことを書いている子どもに意図的に指名する。
　学級の実態に応じて，ペアやグループでの感想の交流に変えてもよい。

第1時　33

# きつつきの商売

準備物：なし

●場面の違いを比べて考える

「1場面」と「2場面」を比べることでその違いが分かります。登場人物や森の情景が変わっていることから場面の移り変わりを意識させましょう。その後1場面に戻り、丁寧に「時」「場」「人物」を確認します。

●「登場人物」という用語をきちんと押さえる

「登場人物」という用語から、人間だけをイメージしてしまう子どももいます。そんな時は、アニメの登場人物や他の絵本などを例に、「人間じゃないけれど、人間のようにお話ししていますよね。人間じゃないけど人間みたいに話しているうさぎさんみたいなのも国語の勉強で登場人物と言います。」と話してあげましょう。

❶「場面」という用語を説明する

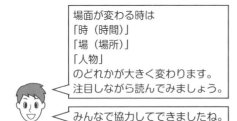

❷1場面の設定を確認する

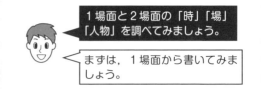

授業の最初に、物語の話の中にあるひとまとまりのことを「場面」ということを学習する。

「きつつきの商売」は「1場面」と「2場面」の二つの場面でできていることを確認し、「時」「場」「人物」の何が大きく変わっているか注目しながら音読する。

「場」については、学校の実態に応じて「場所」としてもよい。

1場面の「時」「場」「人物」について確認する。この場面での「時」は、はっきりとした証拠が見付けにくい。「天気のよい日」としてもよいし、季節柄「春」と解釈してもよい。「2場面」が雨であるので、梅雨前の春ととらえると納得しやすい。

「人物」については、登場人物は人間以外にもなりうることをきちんと押さえておく。

| 本時の目標 | ・場面は「時」「場」「人物」で分けることができ、物語は場面が展開することによって進んでいくことを理解できる。 | 本時の評価 | ・場面は「時」「場」「人物」で分けることができ、物語は場面が展開することによって進んでいくことを理解している。 |
|---|---|---|---|

## きつつきの商売

### 場面の「時・場・登場人物」を見つけよう

場面…物語の中の話のひとまとまり

|  | 1場面 | 2場面 |
|---|---|---|
| 時 | 天気のいい日 | 雨がふりはじめたころ |
| 場 | 森の中 | 森の中 |
| 登場人物 | ・きつつき<br>・野うさぎ | ・きつつき<br>・野ねずみの家族 |

❸ 2場面の設定を確認する

2場面の「時」「場」「人物」も調べてみましょう。1場面と同じようにできますか？

あれ？野ねずみの家族って何人だっけ。確認しておこう。

1場面で学習したことが理解できているか、2場面でも同様にノートに書かせ、机間指導する。
【時】…雨がふりはじめたころ
【場】…森の中
【人物】…きつつき，野ねずみの家族（12人）
　野ねずみの家族の人数については、全体で確認しておくとよい。

❹ 学習したことを音読で振り返る

今日勉強した「時」「場」「人物」に気をつけながら音読してみましょう。

野ねずみみたいに読んでみよう。

雨の日みたいに読んでみようかな。

登場人物になりきったり、時の様子に着目したりして音読し、授業を終える。

# きつつきの商売

3/8時間　準備物：なし

● 「どう読むか」を問う

　本時では，「どう読むか」を問います。最初は実際に音読しても，なかなかその差は聞こえにくいでしょう。でも，その読み方を，どうしてそのように読んだのかは一人一人違います。「コーン。」の読み方一つ，一人一人の思いを大切にしてあげましょう。読み方については，教科書の内容から理由を探せる子どもがいます。また，「3秒間『コーン』と伸ばす。」「だんだん音が小さくなる。」といった読みの技法を考える子どもがいます。どちらも大切な読み方です。最初はそれぞれ認めつつ，最終的には両方の視点が意識できるようにしていくとよいでしょう。

❶ 1場面を音読する

　1場面の内容に入る。
　「1場面について，何か分からないところはないか探しながら音読しましょう。」と目的をもって音読させる。
　音読後，すぐ解決できる簡単な分からない部分は解決してしまう。

❷ 1場面の設定について考える

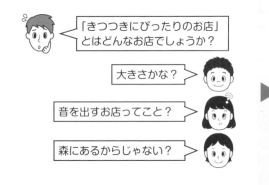

　「きつつきにぴったりのお店」という表現は，何がぴったりなのか，考えさせたい。
　おそらく，音ときつつきの関係性などが出てくることが予想される。

本時の目標
・音を表す言葉をどのように表現すればよいのか，前後の叙述から音読をとおして表現できる。

本時の評価
・音を表す言葉をどのように表現すればよいのか，前後の叙述から音読をとおして表現している。

# きつつきの商売

## 「コーン。」の読み方を考えよう

「きつつきにぴったりのお店」
何がぴったりなのか。

・きつつきの仕事
・音にかかわる仕事
・やりたいこと、ふさわしいこと
・にあっている

「コーン。」をどんなふうに読めばよいか。

・長〜く
・だんだん小さく
・まずは大きく
・力をこめて
・こだまするって書いてあるから
　コーンコーンコーン……

❸「コーン。」の読み方を考える

「コーン。」という叩いた音は、どんなふうに読んだらよいですか？それはどうしてですか？

私はしっかりと伸ばして読みます。わけは…。

ぼくは、だんだん小さくしていこうかな。だって…。

❹自分なりの表現で音読する

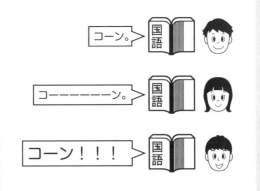

教科書やノートに，読み方やその理由を書かせた後，みんなに発表させる。
　理由として，強弱や高低などを教えてもよい。
　以下のような発表の型を教えておくとよい。
・私はこんな読み方にしました。（音読）それはこんな理由だからです。
・ぼくはこんな読み方です。理由は…。では読みます。（音読）

自分なりの読み方で音読し，授業を終える。

第3時　37

# きつつきの商売

準備物：（必要に応じて）国語事典

●登場人物の行動に着目させる

　本時では，登場人物の行動に着目してみます。ブナの木の音がした後，会話文は出てきません。しかし，そこでの人物の行動は何か考えたくなるものがあります。そこで，「だまって」「うっとり」聞いていた行動から人物の心情を考えてみました。「どんなことを思ったのでしょう。」「どんな気持ちだったでしょう。」と問うてもよいのですが，あえて，ここでは一つの言葉にこだわってみました。それが「も」の使い方です。「も」にはいろいろな意味があります。未習単元ですが辞書が使える場合は辞書を見せながら説明してもよいでしょう。大きく物語の大体をとらえることも大切ですが，時には，ひらがな一つで言葉のイメージが変わるという授業もしておきたいものです。

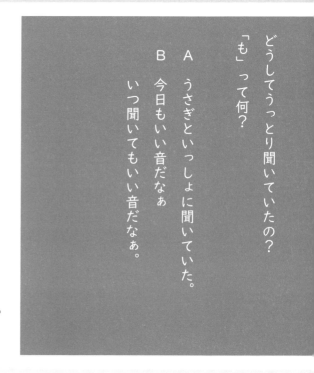

どうしてうっとり聞いていたの？
「も」って何？
A　うさぎといっしょに聞いていた。
B　今日もいい音だなぁ
　　いつ聞いてもいい音だなぁ。

## ❶1場面を音読する

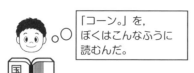

「コーン。」を，ぼくはこんなふうに読むんだ。

　前の時間に意識した「どのように読むか」を各自確認したうえで音読する。

## ❷音を野うさぎの行動から考える

どうして野うさぎは，きつつきを見上げたまま，黙って聞いていたのでしょうか？

静かに聞きたかった。

いい音だなぁって聞きたかった。

　さらに下記のように切り返すと内容が深まる。
　「四分音符分よりも長い時間っていうことは，音が聞こえているの？　聞こえていないの？」
　→聞こえていない。
　「だったら，もう話をしてもいいんじゃない？黙っていなくても。どうしてずっと時間が過ぎていくの？」
　→ずっといい音のことを考えていたかった。（余韻）

| 本時の目標 | ・登場人物の行動から情景を想像することができる。 | 本時の評価 | ・登場人物の行動から情景を想像している。 |
|---|---|---|---|

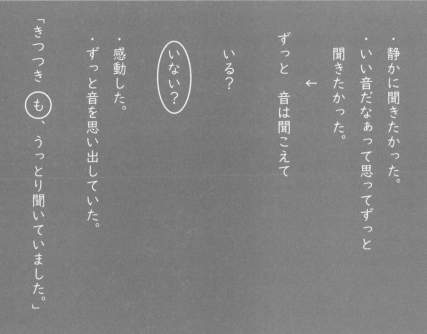

❸音をきつつきの行動から考える

野うさぎが黙って聞くのは分かります。でも，どうしてきつつきも，うっとり聞くのでしょうか？

いい音だなって思った。

でも，きつつきはいつも自分の音を聞いていますね。「きつつきも」の「も」とはどういうことでしょうか？

　上の問いに対してはAとBに分かれる。
A：類似の列挙
　　（うさぎと同じで黙って聞いていた）
B：例外ではないことの表れ
　　（今日もいい音だなぁ）
　どちらの解釈もあるが，Bではないかと考えたい。
　また「四分音符分よりも」の「も」についても時間があれば検討してもよい。

❹情景を想像しながら1場面を音読する

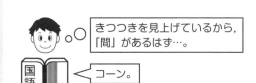

　きつつきと野うさぎの行動を想像し，もう一度，「コーン。」周辺の読み方を意識しながら，音読して授業を終える。

# 5/8時間 きつつきの商売

準備物：(あれば) 電子黒板

● 音読表現の工夫をみとる

　音読の工夫をする雨の音は，音声表現として前回の「コーン。」よりも表現しやすい場所です。あらかじめ，表現する声の評価の視点を先生がもっておくと，読んでくれた子どもに「ドウドウドウが特に大きな声でよかったね。」「パシパシピチピチのテンポが速くていい感じだったね。」と瞬時に声をかけることができます。

　具体的には，声の大小・強弱・速遅・明暗・高低などがあります。また，内容面から，「地面に雨があたるような感じで」「ここは葉っぱにあたった感じで読む」といった表現も教科書の叙述から読み取っているのでしっかりほめてあげましょう。

電子黒板があれば、このページを掲載して、誰かの読み方を文章の横にト書きのように書き加えてもよい。

❶「2場面」を音読する

　2場面を音読させる。
　「音読発表会で，どこが工夫できる場所でしょうか？」とあらかじめ声をかけておくことで，目的のある読み方になる。

❷音をどのように読むかを各自で考える

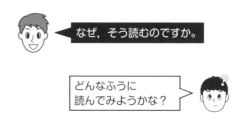

　音読発表会をする時に，2場面で工夫できそうな場所を発表する。
　いろいろな意見が出る中で，特にpp.24-25の雨の音の部分を意識して音読するようにさせる。教科書やノートに，どのように読むのか（読み方の技術面），どうしてそう読むのか（物語からの解釈の面）について各自書いたり読む練習をしたりする時間をとる。

| 本時の目標 | ・「2場面」の叙述に注目して音読することができる。 | 本時の評価 | ・「2場面」の叙述に注目して音読している。 |

## きつつきの商売

どんなふうに読みますか？

- 大きく　小さく
- 速く　おそく
- 高く　ひくく
- 明るく　暗く

＊pp.24-25
雨の音の部分

---

❸ お互いの音読の仕方を交流する

ぼくはこんなふうに読みます。聞いてください。

声が大きくなったり小さくなったりしていたね。

　学級みんなで、それぞれの読みを交流する。
　学級の実態に応じて、ペアやグループでの交流に変えてもよい。
　その際、必ず何人かの優れた読み方をしている児童に学級全体の前で読ませ、どこがよいのかきちんと評価しておく。

❹ 自分の音読を振り返る

さっき、ここをほめてもらったから、もっと大きな声にしてみようかな。

○○くんみたいにここを速く読んでみようかな。

　みんなの意見を交流した後、もう一度、自分で読み方を振り返る時間を設ける。
　その後、2場面を実際に自分なりの読み方で音読し、授業を終える。

# きつつきの商売

6/8時間
準備物：なし

●価値あることも意識しないと……

この授業は，野ねずみの行動について問います。結末の一文を検討します。「目を開けたりとじたり」して雨の音を「ずうっとずうっと」聞いている情景についてその理由を考えてみましょう。ここでも，「どんなことを考えていましたか？」「どんな気持ちだったでしょう？」と問うこともできますが，ここではあえて「何を見ていたのか」「なぜか」と問うてみます。すると，野ねずみたちの視線の先にある情景が見えてきます。また，この場面中，雨の音はずっと出ていたのです。聞こうとしないと耳には入ってこないということをきつつきは知っていたわけです。価値あることさえも意識しないと耳にも心にも入ってこないという先生なりの言葉かけを行うと，物語がちょっと深い意味をなすかもしれませんね。

- 目をとじて
- 音をもう一度たしかめた。
- 音を楽しんでいた。

❶前時を思い出して音読する

前時に意識したことをもとに音読する。

❷特別メニューについて考える

ここでは，きつつきが自分で音を出しているわけではなく，雨の音は心で意識すれば，誰でも聞こえることを押さえたい。

きつつきは，音を出す名人でもあるが，音を探す（見付ける）名人でもある。

| 本時の目標 | ・人物の行動から心情を想像することができる。 | 本時の評価 | ・人物の行動から心情を想像している。 |

## きつつきの商売

どうしてとくべつメニューは「ただ」なの？

・明日はできない
・今日だけ
・雨の日だけ

◎自分が音を出していない

どうして野ねずみたちは目を開けたりとじたりしていたのか

・雨のゆくえをさがしていた。
・雨が何にあたって音を出すかさがしていた。
・音の出る場所をたしかめていた。

❸野ねずみたちの行動を考える

どうして野ねずみたちは，目を開けたり閉じたりしたのでしょうか？

雨のゆくえを見て，音を聞いていたんじゃないの？

目を開けて，何を見ていたのでしょうか？

確かめていたんだよ。

もう一度その音を楽しみたかった。

前時でみんなが音読した後の野ねずみたちの行動について考える。

❹人物の行動と情景を考えて音読する

最後は
じっと目を閉じて
ゆっくり間をとってみよう。

ここは
こんな読み方で…。

前時でどう読むか考えたその後の部分も含めて，もう一度，どのように読むかを考える。
そして，授業の最後に2場面を音読して授業を終える。

# きつつきの商売

**準備物**：子どもの名前プレート

● 子どもの意欲をまずは大切に

　いよいよ音読発表会に向けて練習が始まります。子どもが一番音読したい場所を選ばせてあげましょう。グループを先に作って，分担させると，読みたい場所とは違う場所を読まなくてはならない子どもが出てきます。そうすると，意欲は一気に下がります。同じ場面でも構いません。意欲を大切に読ませてあげましょう。

● 学級だよりで家庭学習に広げる

　学級だよりで，音読発表会に向けて音読練習をしていることを伝えましょう。お家の方に聞いてもらうようにお願いしておくと，子どもは家でも練習するはずです。

❶ 音読発表会の約束を確認する

　１場面と２場面とどちらの音読がしたいのか，選ぶ。
　子どもが読みたいほうを読ませる。
　人数調整によって変えなくてもよい。

❷ １・２場面でグループを編成する。

　それぞれの場面を全部１人で読むことは難しい。いくつかの部分に分けて音読発表会をしたい。
　人数は３〜４人程度とする。そのため，授業で扱った部分に多くの人数が集まった場合は，その場所を１人で読ませてもよい。
　または，複数の人数で一緒に読むこともよい。
　子どもの意見を取り入れながら，一番意欲的に読める形を考えたい。

| 本時の目標 | ・好きな場面を選び，音読の工夫について書き込みながら，音読発表会の練習をしようとする。 | 本時の評価 | ・好きな場面を選び，音読の工夫について書き込みながら，音読発表会の練習をしようとしている。 |

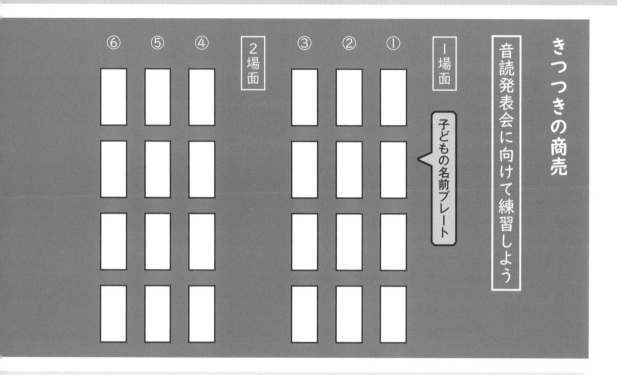

❸グループごとに役割分担をする

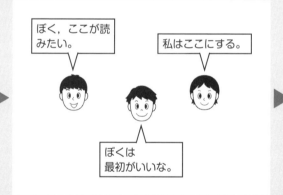

グループが決まったら，それぞれで音読発表会に向けて練習する。
どこをどんなふうに読むのかできるだけ教科書やノートに書いて意識するように行う。
もしも暗唱できるのならば，暗唱させてもよい。

❹グループごとにリハーサルを行う

準備のできたグループから，リハーサルを行う。グループの発表に対し，教師がコメントし，次時の発表に向けてよりよいものにしたい。

# きつつきの商売

8／8時間　準備物：なし

●聞き手が一生懸命な音読発表会に

　いよいよ音読発表会です。聞く側は，精一杯聞くことを意識させましょう。後ほど，よかったところや工夫したところを発表するので，鉛筆を持ったまま聞いてノートに書きたい気持ちもありますが，ここでは，精一杯聞くことに力を入れておきましょう。発表の合間など必要なら書かせてもよいでしょう。聞き手が一生懸命であることが，気持ちよく音読させてあげることにつながります。

❶音読発表会本番に向け，練習を行う

　いよいよ音読発表会をすることを伝え，全員が声を出して練習する場面を設定する。

❷音読発表会をする

　音読発表会を行う。
　発表順は，物語が進んでいく順にしておくとよい。
　あらかじめ，順番が分かるようにしておく。
　次の順番の子どもは横で待っておくなど指示をしておくと，スムーズに発表会が進んでいく。

| 本時の目標 | ・音読発表会で自分なりの音読をするとともに、友達の音読を聞き合おうとする。 | 本時の評価 | ・音読発表会で自分なりの音読をするとともに、友達の音読を聞き合おうとしている。 |

## きつつきの商売

音読発表会をせいこうさせよう
発表したグループのよいところを見つけよう

### ❸お互いの発表について意見を交流する

それぞれの発表を聞いて、感想はありませんか？

大きな声で、はっきりと聞こえました。

雨の音が葉っぱにあたっている感じがしました。

　音読発表会を聞いて、よかったところや工夫していたところなど意見を言い合う。
　ここでは、全てのグループが発表した後、最後にまとめて意見を言う形をとっているが、学級の実態に応じて、一つのグループが発表するたびにそのグループのことについて意見交換してもよい。

### ❹音読発表会を行った感想を書く

よかったグループについて書こう。

どこをがんばったかや、できるようになったかを書くぞ。

　まとめとして、発表をした感想や本単元で勉強してできるようになったこと、新しく知ったことなどをノートにまとめておく。

第8時　47

本は友だち

# 図書館たんていだん

1時間

## 1 単元目標・評価

・読書が，必要な知識や情報を得ることに役立つことに気付くことができる。（知識及び技能
　(3)オ）
・言葉がもつよさに気付くとともに，幅広く読書をし，国語を大切にして，思いや考えを伝え
　合おうとする。（学びに向かう力，人間性等）

| 知識・技能 | 読書が，必要な知識や情報を得ることに役立つことに気付いている。((3)オ) |
|---|---|
| 主体的に学習に取り組む態度 | 学習課題に沿って，図書館利用にかかわることを進んで知ろうとしている。 |

## 2 単元のポイント

### この単元で知っておきたいこと

　本単元は，図書館の利用についての学習で，各学年ほぼ同じ時期に系統的に目標を設定され
て配置されている。1年生ではたくさんの本があることに気付くこと，2年生ではどのように
本が並んでいるか気付くことを学習し，3年生では，棚ごとにどのような種類の本があるか知
り，必要な情報の本を見付けることができることをねらいとしている。3年生からは総合的な
学習の時間等の図書館で調べる機会も多くなるため，必要な情報を見付ける力をつけるうえで
も大切な単元である。

### 教材の特徴

　図書館の使い方や借り方ではなく，必要な情報を見付けることに焦点を当てた内容になって
いる。そのため，図書室で実際に動きながら学習することが効果的な教材である。

### 言語活動

　「かいとうＸのちょうせんじょう」という活動で，協力しながら，空欄の空いている分類表
の番号や本の種類を埋めていく。友達と話し合いながら行うと効果的と考えられる。
　また，「かいとうＸの落とし物」として，分類表をもとにして本を探していく。その後，自
分たちで問題を出し合うという活動を入れ，学習したことを楽しく活用する。

48　図書館たんていだん

## 3 学習指導計画（全1時間）

| 次 | 時 | 目標 | 学習活動 |
|---|---|---|---|
| 一 | 1 | ・読書が，必要な知識や情報を得ることに役立つことに気付くことができる。<br>・学習課題に沿って，図書館利用にかかわることを進んで知ろうとする。 | ○図書館の本が種類ごとに整理されていることを知る。<br>・空欄のある分類表を埋めていくことで，図書館の本が種類によって分けられていることを知る。<br>・棚ごとにどのような種類の本があるのか知る。<br>○分類表をもとに実際の本で書架の場所を見付けることができる。<br>・実際の本で，場所を予想して確かめる。<br>・自分たちで問題を出し合う。 |

### 「図書館」と「図書室」の違いは？

　「図書館」と「図書室」は，建物で違うのでしょうか，規模で違うのでしょうか？

　「図書館」は，「学校図書館法」で，すべての小・中・高等学校及び特別支援学校に設置されなければならないと定められています。「図書，視覚聴覚教育の資料その他学校教育に必要な資料（以下「図書館資料」という。）を収集し，整理し，及び保存し，これを児童又は生徒及び教員の利用に供することによつて，学校の教育課程の展開に寄与するとともに，児童又は生徒の健全な教養を育成することを目的として設けられる学校の設備」（第二条）とあり，法律によって定められた正式な名称ということです。

　学校図書館には，読書センター，学習センター，情報センターの三つの機能があり，本などの様々な資料などを収集，分類，整理，保管して利用者に提供しています。

参考：公益社団法人　全国学校図書館協議会

学校図書館の基礎知識　https://www.j-sla.or.jp/new-shishokyoyu/kisochsiki.html

### 本の分類と案内表示（サイン）

　学校図書館の本は，公共図書館と同じように日本十進分類法（NDC）で分類されています。NDCとは，すべてのことがらを0から9までの数字に納める方法です。

　すべての本を10の分類に分けると，一つのまとまりが大きすぎるので，それをさらに10のまとまりで分け，さらに10のまとまりで分けています。

　例えば，本の背ラベルに書かれている488（よんはちはち）という分類番号は，4「自然科学」の中の，8「動物学」の中の，8「鳥類」ということになります。

　探したい分類番号の本がどのあたりにあるのか役立つのが図書館全体の配置図です。書架の横や上にある0から9の分類のサインを見ながら本を探していきます。

単元について　49

# 1 図書館たんていだん

**1時間**
準備物：黒板掲示用資料，教科書の例の本

### ●問題解決的な導入を

図書館の本の分類をしようといきなり図書館で探させるより，課題をもたせるとより積極的に活動できます。

授業はじめに，「かいとうXからちょうせんじょうが来ました。」という発問で，関心を高めます。教科書の本の分類表をわざといくつか消してある紙を「なぞの手紙（暗号）」とすることで，どうすればいいのか主体的に考えさせましょう。

### ●自分たちで問題を作らせる

後半で，「かいとうXの落としていった本」について，分類表を元に場所を見付けるのですが，時間があれば，自分たちで何冊か問題を出して見付けるという活動をさせます。問題を出すという側に立つことで，伝記や料理の本など，一見分かりにくい本の分類の練習もできます。

図書館の本はないようで分るいされてならんでいる

・詩の本
・サッカーのルールの本
・草花のそだて方の本

どこの本だなにあったのでしょう？

かいとうXの落としていった本があります。

### ❶図書館の本の分類について課題をもつ

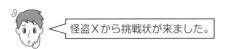

怪盗Xから挑戦状が来ました。

なんだろう，挑戦したいです！

「かいとうXから挑戦状が来た」という導入で，謎の手紙と称した空欄のある分類表を見せ，関心を高める。

予想の中で，図書館に同じような番号があることなどの意見を出させ，図書館の秘密を知ろうというめあてをだし，課題意識をもたせる。

### ❷分類表を整理し，配架の場所を知る

この暗号の手紙は何を表しているのでしょう？

図書室にも同じ数字があるよ。調べてみよう。

グループで，空欄のある分類表を整理していかせることで，どのような分類になっているのかを確認させていく。

分類表ができたら，黒板に図書館の地図を貼って（描いてもよい），そこに調べた番号がどこにあるのかを記入させると，より分かりやすくなる。

| 本時の目標 | ・読書が，必要な知識や情報を得ることに役立つことに気付くことができる。<br>・学習課題に沿って，図書館利用にかかわることを進んで知ろうとする。 | 本時の評価 | ・読書が，必要な知識や情報を得ることに役立つことに気付いている。<br>・学習課題に沿って，図書館利用にかかわることを進んで知ろうとしている。 |
|---|---|---|---|

# 図書館たんていだん

たんていになって図書館のひみつを見つけよう

○ ちょうせんじょう　かいとうＸ

ちょうせんじょう
この暗号がとけるかな？
かいとうＸ

| 0 | しらべる |
|---|---|
| 1 | ものの考え方や心について |
| 2 | むかしのことやちいき |
| 3 |  |
| 4 | しぜんにかかわる |
| 5 | ぎじゅつやきかい |
| 6 |  |
| 7 | げいじゅつやスポーツ |
| 8 | 言葉 |
| 9 |  |

なぞの手紙（暗号）

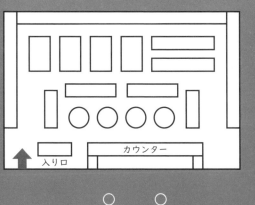

入リ口　カウンター

○ 暗号の空らんをうめよう
○ 番号を地図に書いてみよう

❸実際の本で本の種類と場所を探す

怪盗Ｘの落としていった本はどこにあったのでしょう？

この表と地図で見ると，7の番号のだと思うよ。

「かいとうＸの落とし物」として３冊の本を提示し，どこにあるか考えさせる。
　正解を言った後，自分たちで問題を出し合わせて，分類表と地図を活用させる。
　最後に全体で，名前だけでは分かりにくい内容の本（伝記や料理の本など）も確認する。

❹学習のまとめをする

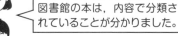
図書館の本は，内容で分類されていることが分かりました。

図書館の秘密が分かりましたね。

教科書を開いて，図書館の本は，内容ごとに分類されていることを確認し，他にも学年のおすすめの本や季節の本など特別なコーナーもあることを確認する。
　教科書の本のつくりについても触れ，本時の学習のまとめをする。

# 国語辞典を使おう

**2時間**

## ◢ 単元目標・評価

・辞書の使い方を理解し使うことができる。（知識及び技能(2)イ）

・様子や行動，気持ちや性格を表す語句の量を増やし，話や文章の中で使うとともに，語彙を豊かにすることができる。（知識及び技能(1)オ）

・言葉がもつよさに気付くとともに，幅広く読書をし，国語を大切にして，思いや考えを伝え合おうとする。（学びに向かう力，人間性等）

| 知識・技能 | 辞書の使い方を理解し使っている。（(2)イ）<br>様子や行動，気持ちや性格を表す語句の量を増やし，話や文章の中で使うとともに，語彙を豊かにしている。（(1)オ） |
|---|---|
| 主体的に学習に取り組む態度 | 課題に沿って，進んで辞書の使い方を理解し使おうとしている。 |

## ◢ 単元のポイント

### この単元で知っておきたいこと

国語辞典は，言葉の世界を広げたり深めたりするための道具である。道具には，使い方を習得するために必ず覚えておかなければならない語彙がある。ここでは，「はしら」「つめ」「見出し語」「言葉の意味や使い方」などである。それぞれの役割を簡単に紹介しながら指導し，実際に言葉を調べながら必要感を高めたいものである。

### 教材の特徴

より主体的な学習活動を展開するために，言葉の意味や使い方，書き表し方を調べる方法が，実際に国語辞典を引く経験が多く積めるよう，見出し語の見付け方を中心に説明されている。

### 言語活動

国語辞典の各部分の名称を押さえたら国語辞典を引く経験を多く積めるよう，ゲーム的な活動を取り入れることも考えられる。指定した言葉に対して，早引き競争をしたり，あらかじめ調べたい言葉を全体で集めておき，ビンゴ辞書引きをしたりすることも考えられる。

## 3 学習指導計画（全2時間）

| 次 | 時 | 目標 | 学習活動 |
|---|---|---|---|
| 一 | 1 | ・辞書の使い方を理解し使うことができる。<br>・様子や行動，気持ちや性格を表す語句の量を増やし，話や文章の中で使うとともに，語彙を豊かにすることができる。 | ○教科書を参考にしながら，国語辞典を使って調べる方法を理解する。<br>・国語辞典の各部分の名称と役割を知る。<br>○見出し語の見付け方を理解する。<br>・国語辞典に示された言葉のきまりを知る。<br>・教科書 p.140「ひらがなとかたかな」で五十音の並びを確かめながら言葉を調べる。 |
| 二 | 2 | ・語句の量を増やし，話や文章の中で使うとともに，語彙を豊かにすることができる。<br>・課題に沿って，進んで辞書の使い方を理解し使おうとする。 | ○国語辞典の使い方の習熟を図るために，言葉の意味を調べる。<br>・教科書 p.34の設問に取り組む。<br>・できるようになったことをノートにまとめる。 |

### ビンゴで楽しく力を付ける

　辞書引きビンゴをします。未習の単元で「どうしても調べておきたい言葉，ありませんか？」と問います。「では，みんなで九つ以上出し合います。」として，全体で出し合った後，縦三つ，横三つのマスを書いて自分が調べたい言葉のビンゴ用紙を作ります。その後，一斉に辞書引きビンゴのスタートです。一つビンゴになった子どもには，フルビンゴに挑戦するよう応援の言葉かけをします。

# 国語辞典を使おう

1 / 2時間

準備物：国語辞典，付箋，黒板掲示板用資料，電子黒板やタブレット（個人用）

● 国語辞典を使う目的を考える

　子どもたちは，これまでの学習や読書を通して，前後の文脈や文の構成などから知らない言葉の意味をある程度推測できるようになっています。しかし，語句の意味を正確に把握していないために読むことや話すこと・書くことでつまずいてしまうこともよくあります。そこで，語句は同じでも状況によって意味や使われ方などに違いがあることに気付かせることで，正しく使いたいという気持ちを引き出し辞書の活用を促したいものです。

● 五十音順は忘れがち

　3年生は平仮名や片仮名，濁音や半濁音など，ほとんどの子どもが理解しています。しかし，その順番となるとパッと出てこない子もはじめはたくさんいます。そこで，はじめは，教科書p.140の五十音表を手元において学習を進めます。

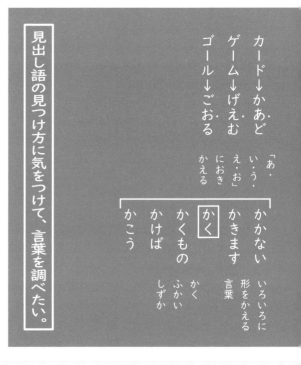

見出し語の見つけ方に気をつけて、言葉を調べたい。

カード→か・あ・ど 「あ・い・う・え・お」
ゲーム→げ・え・む におきかえる
ゴール→ご・お・る

かかない いろいろに形をかえる言葉
かきます
かく
かくもの　かく
かけば　ふかい
かこう　しずか

❶ 「深い青」の「深い」について考える

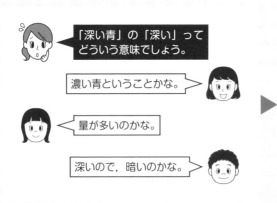

「深い青」の「深い」ってどういう意味でしょう。
濃い青ということかな。
量が多いのかな。
深いので，暗いのかな。

　「深い青」の「深い」について考える。自由に考えを出させることで，はっきりさせたいという思いを強くさせたい。調べたいという思いが強くなればなるほど「使い方」の習得意欲も高くなる。

❷ 動画で国語辞典の使い方を確認する

つめを見て，どの「行」に1字目の言葉が載っているか見当がつけられそう。

見出し語から漢字や言葉の意味，言葉の使い方が分かるんだ！調べてみたいな。

　国語辞典の使い方を，電子黒板やタブレット（個人用）などから動画（教科書p.32QRコードからアクセス）で確認した後，自分の辞書で「ふかい」を調べてみる。まずは，「つめ」から1文字目の検討をつけ，「はしら」を手がかりにして目的の言葉にたどり着けるよう声をかける。また，漢字や言葉の意味，言葉の使い方が分かることにも気付かせたい。探した言葉には付箋を貼るなどすると，意欲も増すだろう。

| 本時の目標 | ・辞書の使い方を理解し使うことができる。<br>・様子や行動，気持ちや性格を表す語句の量を増やし，話や文章の中で使うとともに，語彙を豊かにすることができる。 | 本時の評価 | ・辞書の使い方を理解し使っている。<br>・様子や行動，気持ちや性格を表す語句の量を増やし，話や文章の中で使うとともに，語彙を豊かにしている。 |
|---|---|---|---|

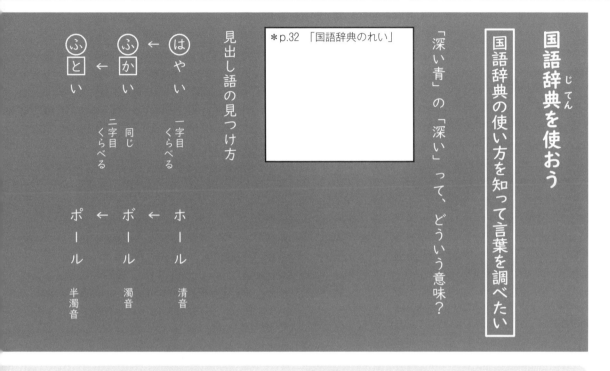

### ❸ 見出し語を比べる

「はやい」と「ふかい」は，どちらが先に出てきますか。

「ホール」「ボール」「ポール」は，どんな順番で出てきますか。

「カード」は「かあど」，「ゲーム」は「げえむ」というふうに平仮名にして考えるとよいようですね。

　「『ふかい』と『ふとい』では，どちらが先に出てきますか」と何文字目かを比べて判断する力を意識したい。また，清音→濁音→半濁音の順番についても，「かく」→「かぐ」→「がく」などの例を紹介しながら，規則性を理解させる。さらに，「カード」は「かあど」，「ゲーム」は「げえむ」，「ゴール」は「ごおる」というように平仮名に置き換えて調べることも確認したい。

### ❹ 形を変える言葉について仕組みを知る

ところで，「深い青」の「深い」ってどういう意味ですか？

調べ方が分かってくると，調べるスピードが速くなってきましたね。

見出し語の見付け方が分かってきたよ。もっと練習したいな。

　形を変える言葉については，教科書に出てくる例を手がかりにして，辞書に出てくる言葉を選べる感覚を養いたい。その時，「『このドアは開けない。』のように状況が分かる文章の中の『開けない』は，どんな言葉で調べますか？」というような問いを子どもたちに出しながら感覚を養うようにしたい。

第1時　55

# 国語辞典を使おう

2／2時間
準備物：国語辞典，付箋

● 国語辞典によっての違い

　小学校で学習する場合は，学校図書館で同じ国語辞典を準備することをおすすめします。各家庭で使っているものは，国語辞典によって，拗音や長音の場合や片仮名などの取り扱いに違いがあります。家庭用の辞書の見出し語のルールを確認してみるよう声をかけたいものです。

● 使えば使うほど調べる時間は短くなる

　国語辞典は，使えば使うほど調べる時間が短くなります。調べた言葉のページに小さな付箋を付けてたくさん調べたことを励みにするという方法もよいかと思います。また，国語以外の学習場面で国語辞典を使う子どもを称賛しつつ学習に主体的に生かそうとする態度を養いたいものです。

> いろいろな学習で国語辞典を使ってみたいな。
>
> ③ どの言葉が入る？
> 　きのう、おばあちゃんに会いにいきました。えきからはさか道ですが、□　なので平気でした。
> 　（なだらか・なめらか・のびやか）

● ①の問題に取り組む

どうしたら調べる時間が短くなるでしょう？

どんどん調べて調べる時間を短くしたいな。

　「じゆう」と「じゅう」を比べる場合など，発音を聞いただけでは，拗音の「ゅ」なのかどうなのかが分からないので，まずは，板書したものに注目させることで確認したい。
　また，辞書による見出し語表記の違いがあることも伝えたい。

● ②の問題に取り組む

④　人形を友だちにあげる。

「上げる」「挙げる」「揚げる」のどの漢字を使えばいいのかな。

「やる」の丁寧な言い方で，プレゼントするということかな。

となると，漢字は，「上げる」を使うのがいいかな。

　ここでは，子どもたちに「どうして，その意味を選んだのか」聞いてみる。友達の理由の述べ方を聞くことで，次，またその次と，自分の考えを論理的に話せる子が増えてくる。

| 本時の目標 | ・語句の量を増やし、話や文章の中で使うとともに、語彙を豊かにすることができる。<br>・課題に沿って、進んで辞書の使い方を理解し使おうとする。 | 本時の評価 | ・語句の量を増やし、話や文章の中で使うとともに、語彙を豊かにしている。<br>・課題に沿って、進んで辞書の使い方を理解し使おうとしている。 |
|---|---|---|---|

# 国語辞典を使おう

速く正かくに使えるようになりたい

1 どちらが先？

じゆう（自由）　じゅう（十）

くらす　クラス

バレー　バレエ

2 正しい意味を見つける。

① 温かいあま酒を出す。
② 算数の問題をとく。
③ コップの内がわのよごれをとる。
④ 人形を友だちにあげる。

・を〇番号に変えて板書することで、子どもと確認しやすいようにする。

❸ 3 の問題に取り組む

どの言葉が、□に当てはまらないでしょうか。

「なめらか」はだめだよ。
すべすべしていることだから。

「のびやか」はだめだよ。
のびのびした様子を表すから。

あえて、「当てはまらないのは？」と聞くことで、予想を立てながら調べるようになる。自分の経験を交えながら学習に取り組む姿を称賛したい。（文章中の同音異義語については、正した状態で板書する。）

❹ 日常生活への生かし方を考える

国語以外でも国語辞典は使えそうですか？

私は、算数の時間にも使ってみたいな。

ぼくは、日記を書いている時などに、分からない漢字が出てきたら使うことにします。役に立ちそうです。

いろいろな場面で国語辞典を活用していきたいという意欲を高めたい。

# 漢字の広場①

**2時間**

## 1 単元目標・評価

・既習の漢字を書き，文や文章の中で使うことができる。（知識及び技能(1)エ）
・よりよい文章表現にするために，友達のよい表現を見付けたり文章の間違いを見付け直したりすることができる。（思考力，判断力，表現力等 B(1)エ）
・言葉がもつよさに気付くとともに，幅広く読書をし，国語を大切にして，思いや考えを伝え合おうとする。（学びに向かう力，人間性等）

| 知識・技能 | 既習の漢字を書き，文や文章の中で使っている。（(1)エ） |
|---|---|
| 思考・判断・表現 | 「書くこと」において，よりよい文章表現にするために，友達のよい表現を見付けたり文章の間違いを見付け直したりしている。（B(1)エ） |
| 主体的に学習に取り組む態度 | 既習の漢字を使った文や文章を進んで作ろうとしている。 |

## 2 単元のポイント

### 言語活動

　ここでの言語活動は，挿絵に示された動物園の中で使われている言葉（漢字）を使って文や文章を作ることである。例えば，「動物園，短作文マップを作ろう！」という活動のゴールを見据えた言語活動を設定することもできるだろう。また，1人で自分だけの短作文マップを作るのもよい。さらに，一人一人の作品を一緒に推敲し，貼り合わせる短作文マップにもできる。子どもが，同じ言葉を使ってもそれぞれ違った面白さがあることに気付けることを期待する手立てである。

### 教材の特徴

　この教材は，牛や猿，きりんと，動物ごとに使える漢字が指定されているので，動物ごとに文や文章で様子を表現することができる。そのため，はじめは，一つの動物について一斉に作り，紹介し合いながら作り方を確認できるだろう。また，子どもたちそれぞれが好きな動物から短作文を作っていくこともできる。この間に，短作文に苦手意識をもっている児童には，積極的に声をかけながら学習を進めたい。

## 3 学習指導計画（全2時間）

| 次 | 時 | 目標 | 学習活動 |
|---|---|---|---|
| 一 | 1<br>・<br>2 | ・よりよい文章表現にするために，友達のよい表現や間違いを見付け直したりすることができる。<br>・既習の漢字を使った文や文章を進んで作ろうとする。 | ○漢字の読み方や書き方，意味などを確認する。<br>・国語辞典などを準備しておく。<br>○それぞれの場面ごとに，動物や人の様子や行動について説明する。<br>・場面の様子や行動を伝え合うことで，自分の考えをはっきりさせる。<br>○教科書p.35に出てくる既習の漢字を使って，動物園での様子や行動を文で表す。<br>○完成した文を仲間と読み合い，感想を伝え合う。 |

### 授業の前に漢字プリントで確認

　4月のこの時期は，前の学年での漢字を忘れている子どもも多いことが予想されます。また，漢字の習得や活用に苦手意識をもっている子どももいます。そこで，授業日の前に教科書p.35に出てくる既習の漢字でプリントを作り，前もって確認しておくとよいでしょう。

単元について　59

# 1・2 2時間 漢字の広場①

準備物：短冊，国語辞典，黒板掲示用資料，付箋

●漢字の定着

まず，読めるということを大切にします。繰り返し読んで，動物園の様子を思い浮かべることで，状況に合った漢字が書けるようになります。読んだり聞いたり見たり様子を思い浮かべたり文で書いたりしながら漢字の定着を図ります。

●お気に入りの場所を文で表現する

文で表現するということは，誰かに自分の思いを伝えたいという思いの表れです。授業の終わりには，動物園のお気に入りの場所の文を一つ短冊に書いて，教科書 p.35 の拡大イラストのそばに掲示することをおすすめします。

### 動物園のようすがよく分かる文
- 二頭の馬が、なかよく走り回っています。
- 男の人が、売店でかわいいパンダのぬいぐるみを買って、一万円をはらっています。

> 背面黒板に拡大マップを掲示する。

> 分かりやすようすがつたわると楽しいな。

### ❶学習課題の確認をする

今出てきた言葉を使って動物園の様子を表す文，作れそうですか？

簡単だよ。できるできる。

やってみたいです。

絵から他にもいろいろな言葉が使えそうで楽しそう。

　今回は，動物園の門を入って時計回りに見ていくことを確認する。教師が指示した漢字を子どもたちと一緒に読んでいく。
　ここに出てきていない言葉も絵を見て思い浮かんだら使っていくことも確認する。

### ❷例文を確認し動物園の様子を文に書く

動物園の様子がよく分かる文のポイントはなんですか？

○誰が何をしているのか
○どんな様子で何をしているのか
○大きさや色，形や数などかな？

　例文を音読し，ポイントを押さえる。
　場面ごとに語彙にまとまりがあり場面の様子をとらえやすい教材の特性から，子どもたちは，どんどん文章を作成していくと考えられる。子どもの実態によって，役割分担をする場合も考えられる。文は，どんどんノートに書いていき，最後にお気に入りの文を一つ選ぶことを伝えておきたい。

| 本時の目標 | 本時の評価 |
|---|---|
| ・よりよい文章表現にするために，友達のよい表現や間違いを見付け直したりすることができる。<br>・既習の漢字を使った文や文章を進んで作ろうとする。 | ・よりよい文章表現にするために，友達のよい表現や間違いを見付け直したりしている。<br>・既習の漢字を使った文や文章を進んで作ろうとしている。 |

## 漢字の広場①

動物園のようすを文に書き、マップにまとめよう

動物園のようすがよく分かる文とは？

○主語がある　→　くじゃくが、
○ようすを表す言葉
　　　　　　　→　きれいな
　　　　　　　→　大きく

動物園のようす
○お客さんが、動物園の門のところで入場けんを買っています。
○きりんの首は、太くて長いです。

### ❸ グループで推敲する

「牛が鳴いています。」はどうかな？

それでもいいけど、「白と黒の模様の牛が〜」とか「低い声で鳴いています。」にすると様子が伝わりやすくない？

　例えば、「門では、お姉さんが入場けんを売っています。その入場けんをうれしそうに女の子が買っています。」や「弱いさるが強いさるに食べ物を取られました。でも、食べ物を取られないように高いところにいるかしこいさるもいます。」というように、２文にすることで、より様子が分かったり、書きやすかったりすることも紹介したい。

### ❹ お気に入りの文を短冊に書き、コメントをもらう

多いや少ないなど様子が分かる言葉があると、伝わりやすいな。
ふせん

同じ絵なのに、違った文章ができるところが面白いな。
ふせん

　自分のお気に入りの文を短冊に書いて、背面黒板に掲示したマップに貼り付ける。「他のグループのよいところや面白いところを見付けて伝え合いましょう。」と声をかけ、付箋などを準備しておき、その場でコメントを書き、用紙に貼り並べていくとよい。仲間からもらったコメントは、次の活動での意欲にもなる。

# 春のくらし

（2時間）

## ▌1 単元目標・評価

- 春の暮らしに興味をもち，語句の量を増やし，話や文章の中で使い，語彙を豊かにすることができる。（知識及び技能(1)オ）
- 自分の経験や教科書から想像したことなどから書くことを選び，伝えたいことをはっきりさせることができる。（思考力，判断力，表現力等 B(1)ア）
- 言葉がもつよさに気付くとともに，幅広く読書をし，国語を大切にして，思いや考えを伝え合おうとする。（学びに向かう力，人間性等）

| 知識・技能 | 春の暮らしに興味をもち，語句の量を増やし，話や文章の中で使い，語彙を豊かにしている。（(1)オ） |
|---|---|
| 思考・判断・表現 | 「書くこと」において，自分の経験や教科書から想像したことなどから書くことを選び，伝えたいことをはっきりさせている。（B(1)ア） |
| 主体的に学習に取り組む態度 | 春に関係する言葉を増やし，春らしさが表れた文章を進んで書こうとしている。 |

## ▌2 単元のポイント

### 身に付けたい資質・能力

　「春といえば」と問えば「○○」とすぐに答えが返ってくる。子どもたちは，今までの経験から春と自分の生活をつなぐはずである。ただし，子どもたちみんなが，普段の生活の中で季節を感じ，心動かされる経験をしているとは限らない。そこで，学級で四季折々の行事などを表す言葉を集める活動をする。本単元でのねらいは，春の暮らしを身の回りの生活とつなぎ語句の量を増やし話や文章の中で使いながら語彙を豊かにすることである。

### 言語活動

　本単元の言語活動は，暮らしの中で，特に春に関係する言葉を集め紹介し合い，実感を伴った語彙を増やし，出来事や思い，考えなどを短い文章で書くことである。子どもたちが日常生活の中で季節を感じやすい給食の献立表や地域の行事，家族との買い物などに着目し，「春のくらし」に関係がある言葉を見付けたい。

62　春のくらし

## 3 学習指導計画（全2時間）

| 次 | 時 | 目標 | 学習活動 |
|---|---|---|---|
| 一 | 1 | ・春の暮らしに興味をもち，語句の量を増やすことができる。<br>・経験や挿絵，詩を手がかりにして，春に関係する言葉を増やすことができる。 | ○「春を思い浮かべる言葉を集めたい」という学習課題を設定する。<br>・「春」についてイメージをふくらませる。<br>・詩「みどり」をみんなで音読し，どんな様子がイメージできたか紹介する。<br>・「新」や「春」が付く野菜について知る。<br>・本時の振り返りと次の時間にすることを確認する。 |
| 二 | 2 | ・春の暮しに興味をもち，増やした語句を話や文章の中で使い，語彙を豊かにすることができる。<br>・自分の経験や想像したことなどから書くことを選び，伝えたいことをはっきりさせることができる。 | ○「身の回りで見付けた，春を感じたものについて，文章を書きたい」という学習課題を設定する。<br>・教科書p.36の例を参考にして，身の回りで見付けた，春を感じたものについて，文章を書く。<br>・それぞれが作った文章を読み合う。<br>・季節に合った言葉を使うことで，語彙が増えたことを確かめる。 |

### 手作り教具の活用

　それぞれが，思いや考え，分かったことなどを出し合い整理するときに，「プラスチック段ボール」の活用をおすすめします。そこには，短冊（15×5センチ）を子どもたちがテープで貼り付けたり，貼り直したりすることができます。壁などに立てかけて，少し距離を取りながら確認し合うことができます。（ホームセンター等で購入でき，赤，青，黄，緑，灰，黒などの色があります。）繰り返し使え，軽量のため持ち運びも簡単です。いろいろな交流場面で活用できます。

単元について　63

# 1/2時間 春のくらし

準備物：黒板掲示用資料

●季節ごとの人々の暮らしと言葉

　ふと，身近な生活に目を向けると，季節とのかかわりに気付かされる言葉に出会えるものです。

　まずは，学校生活の中から季節の語彙を増やす取り組みを計画してみませんか。その季節を感じる少し前に，学校栄養士さんからのお話の機会をつくるとよいでしょう。なぜなら，学校生活においては，食べることつまり，給食からその季節らしさを感じることができるからです。学校栄養士さんに，「この季節の食」ということで，お話をしていただく機会をつくることができると思います。そうすることで，子どもたちは，家庭でも季節に関係する植物や行事，服装などについて話を聞いてくると思います。季節を感じる言葉がどんどん増えてきます。家庭で聞いてきたことは，日記に書き留めるとよいとを伝えておくとよいですね。

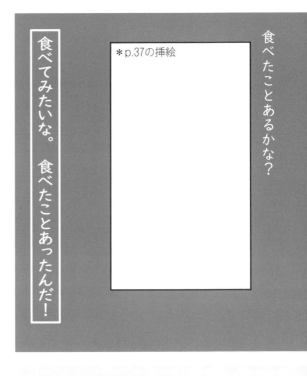

食べてみたいな。食べたことあったんだ！

食べたことあるかな？

*p.37の挿絵

### ❶春らしさを感じることを出し合う

生活の中で，春らしさを感じることはありますか？

たけのこ堀りも春だと思います。

入学式から春を感じます。

　今までの経験を中心に春らしさを感じることを出し合う。学校生活の中にもたくさん経験してきたことがある。例えば，生活科での体験を中心に，「春さがし」に出かけて見付けたことや「1年生への学校探検のお世話」など他教科や行事とつないで想起できる機会をつくりたい。

### ❷本時の学習課題を設定する

私たちも春を感じる経験をたくさんしてきているなあ。

では，春を思い浮かべる言葉を集めましょう。

まずは，自分で思い浮かんだ言葉をノートに書いてみたいな。

　「春を思い浮かべる言葉を集めたい。」という学習課題を設定し，「春」についてイメージをふくらませながら，みんなで言葉を出し合う。それぞれがノートに書き留めた後，全体交流を通して仲間の思いや考えを感じながら言葉を黒板にまとめていく。

| 本時の目標 | ・春の暮らしに興味をもち，語句の量を増やすことができる。<br>・経験や挿絵，詩を手がかりにして，春に関係する言葉を増やすことができる。 | 本時の評価 | ・春の暮らしに興味をもち，語句の量を増やしている。<br>・経験や挿絵，詩を手がかりにして，春に関係する言葉を増やしている。 |
|---|---|---|---|

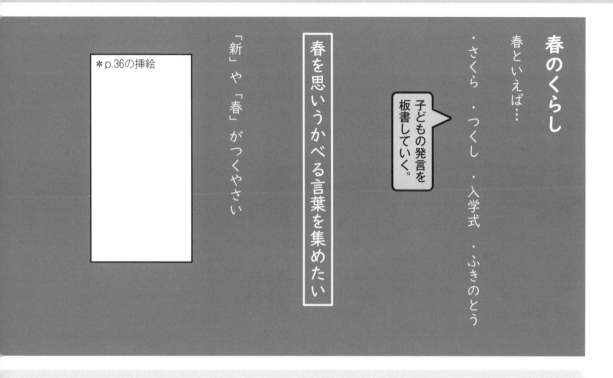

### ❸詩から場面の様子を想像する

　詩から何が見えてきましたか。
　緑の森が見えます。
　濃さの違う葉っぱがたくさん木についています。
　いろいろな緑が重なって見えるようです。

　「みどり」を読み，どんな様子が見えてきたか，発表する。
　いろいろな緑色をしたものが，春の世界にはいっぱいある。また，その緑の世界を鳥がせかせかと動き回っている様子が声を通して感じられる。というような雰囲気を学級で確認したい。

### ❹山菜などについて知る

　食べたことがありますか？
　たらの芽が，こんな木の先についているなんて知らなかったな。写真で見れてよかったな。
　炊き込みご飯の素の中によく入っているんだね。見たことあったよ。

　「新」や「春」がつく野菜の名前も確かめる。次に，教科書 p.37 の挿絵を拡大し掲示する。そして，「たけのこやぜんまい，わらびなどは，ご飯に混ぜて炊き込みご飯にすること」や「よもぎは，おもちに」「たらの芽は，天ぷらに」して食べることを教師が紹介することで，今までに食べたことがあるかないかを想起させたい。その時，写真や炊き込みご飯の素などを準備しているとよい。

# 2／2時間　春のくらし

準備物：国語辞典，百科事典，黒板掲示用資料

●文章の構成を確認

　短い文章ですが，ここにも構成が隠れています。ぜひ，子どもたちと確認したいものです。ここでは，「事実（出来事）と感想（考え・分かったこと）」という構成を確認します。

●もの（本など）や人（仲間）とのかかわりから

　「事実」は，自分が直接体験したことだけでなく，本でふと見付けたことや調べてみたこと，仲間との会話から思い出したことなどから書きはじめられるよう，あらかじめ資料などを教師が準備しておくのもよいかと思います。単元に入る1週間くらい前から春にかかわる図書を集めておき，教室で自由に見られるようにしておくとよいかと思います。

新しく出会った言葉
・うらら　・のどか
・いかなごのくぎに　・和らぐ

これからもきせつの言葉を集めてみたいな。

❶本時の学習課題を設定する

身の回りで見付けた春を文章で表現しましょう。

どんな文章が書けそうですか？

たけのこ堀りのことが書きたいな。

炊き込みご飯のことにしたいな。

　子どもたちは，前時の言葉見付けで，春についてどんな文章を書こうかなと，なんとなく考えている。教師が「どんな文章が書けそうですか？」と発問した後，テンポよく子どもたちを指名していくことで，さらに思いがふくらんだりはっきりしたりする時間となる。

❷例を参考にして，文章を書く

先週，たけのこ堀りに行きました。土からたけのこの先が「にょき！」と出ていました。たけのこご飯が食べられると思うと，とてもうれしくなりました。

わらびやぜんまいが炊き込みご飯に入っていたことを初めて知りました。具材をよく見ると分かりました。今度は，春を感じながら食べたいです。

　ノートに一つ書けた子は，二つ，三つと書いていくだろう。国語辞典・百科事典等を適宜活用しながら書く。（読み合う場面でも積極的に使用を薦めたい。）みんなが書いている合間で，いくつか紹介する時間をとる。例文から押さえた「事実」と「感想」の書きぶりを教師が確認しながら紹介の時間を進めることで，その後の書くことへの集中も高まるだろう。

| 本時の目標 | ・春の暮らしに興味をもち，増やした語句を話や文章の中で使い，語彙を豊かにすることができる。<br>・自分の経験や想像したことなどから書くことを選び，伝えたいことをはっきりさせることができる。 | 本時の評価 | ・春の暮らしに興味をもち，増やした語句を話や文章の中で使い，語彙を豊かにしている。<br>・自分の経験や想像したことなどから書くことを選び，伝えたいことをはっきりさせている。 |
|---|---|---|---|

## 春のくらし

身の回りで見つけた春を文章で表現したい

文章のこうせい　（三文くらいの文章）

＊p.36の例文

○事実
・体けんしたこと
・見つけたこと
・調べたこと　など

○感想
・分かったこと
・気づいたこと
・思ったこと
・考えたこと　など

キャベツに、春キャベツがあることを知りました。さっきさわったら、すこしやわらかい感じがしました。次はりょう理して食べてみたいです。

### ❸書き上がった文章を読み合う

日曜日に，家族でなの花畑へ行きました。お母さんは大きく息をすった後「のどかで，落ち着くわ。」と言いました。黄色いじゅうたんのようななの花畑は，とてもきれいでした。

「ノドカ」ってどんな意味だろう。

「春」の様子にほっとしている感じがいいな。

グループで読み合うことも考えられる。また，ノートを机の上に開き，席を離れて思い思いに人の作品に触れるのもよい。

さらに，読み合った後，自分のお気に入りの作品は，手直しを加えて短冊に書いて掲示するよう準備しておくのもよい。その時，一番季節を感じると思う言葉に赤線を引かせておくと，また，関心が高まる。

### ❹単元の学習を振り返る

仲間と交流して，どんな言葉が印象に残っていますか。

りおさんのいかなごのくぎ煮は，知らなかったので，ぜひ，食べてみたいです。

うららさんの「うらら」が春に関係した言葉だと知って，季節にかかわる名前も調べたいと思いました。

今後も季節にかかわる言葉を調べてみたい，書き留めていきたいという意欲を高めて授業を終わりたい。

# 漢字の音と訓

**2時間**

## 1 単元目標・評価

・第3学年までに配当されている漢字を読むことができる。（知識及び技能(1)エ）

・言葉がもつよさに気付くとともに，幅広く読書をし，国語を大切にして，思いや考えを伝え
合おうとする。（学びに向かう力，人間性等）

| 知識・技能 | 第3学年までに配当されている漢字を読んでいる。（(1)エ） |
|---|---|
| 主体的に学習に取り組む態度 | 漢字の音と訓という考え方に関心をもち，進んで漢字を読み学ぼうとしている。 |

## 2 単元のポイント

### この単元で知っておきたいこと

　漢字の音と訓は，単に意味が分かる・分かりにくいだけで区別できるものではないが，3年
生のこの段階では，教科書の内容程度を教えればよいだろう。ただし，基本的に送り仮名があ
るものは，訓読みであるということを知っていれば区別しやすいので，このことについて触れ
ておくとよい。その場合，送り仮名によって「上る」「上がる」のように漢字の意味が変わる
ものがあるので，国語辞典などを使って調べる活動を取り入れ，正しくとらえることができる
ようにする。

　子どもたちが漢字学習に意欲的に取り組めるように，音と訓どちらの読み方が使われている
のかを，調べたり考えたりするだけでなくペアまたはグループで，熟語を含む短文を作りそれ
を問題にして交流する。このような活動を取り入れることで語彙を増やしたり，漢字を読み書
きしたりする力を楽しみながらつけることができる。

### 教材の特徴

　子どもたちは，今までの学習から意味の分かる漢字と分かりにくい漢字があることになんと
なく気付いている。子どもがその違いに疑問をもち，知りたいと思わせる発問を設定すること
で，興味をもって主体的に学習することができると考える。

68　漢字の音と訓

## 3 学習指導計画（全2時間）

| 次 | 時 | 目標 | 学習活動 |
|---|---|---|---|
| 一 | 1 | ・漢字には，2通りの読み方があることを確かめて，音訓の特徴をとらえることができる。<br>・漢字の読み方に興味をもって考えたり，調べたりしようとする。 | ○「朝」には2通りの読み方があることを確認し，音訓の特徴を知る。<br>・音訓の特徴をノートにまとめ，学習後に振り返ることができるようにする。 |
|  | 2 | ・音訓の特徴を理解し，それらのことを活用しながら漢字に親しむことができる。<br>・音と訓のどちらが使われているかを考えたり，両方を使って短文を作ったりしようとする。 | ○国語辞典などを使って既習漢字の音と訓読みを調べる。<br>・使われている漢字の音と訓を区別する。<br>・熟語を含む短文問題を作り交流する。<br>・音読みは聞いただけでは意味が分からないものが多く，訓読みは聞けば意味が分かることが多いことを振り返り確かめる。 |

単元について　69

# 漢字の音と訓

1/2時間
準備物：国語辞典，漢字辞典

● なんとなくをよりはっきりと

　子どもたちは，今までの経験から，漢字にはいろいろな読み方があり同じ読み方でも使われる漢字が状況によって違うことにもなんとなく気付いています。そこで，「どうしてだろう」と疑問に思わせる機会を設定することでこの単元に関心をもって取り組めるよう，教科書を使って例を紹介するようにします。

● 家庭学習として

　漢字には音と訓読み2通りの読み方があることに気付き，関心をもっているこのタイミングで家庭学習でも復習できるようにします。既習漢字を使って短文問題を書いたプリントを用意したり，子どもたちが作った問題を集めたプリントを作ったりして学習を定着させるのも一つの方法です。

○読み方がちがっても、漢字が表す意味は同じ。

❶ 例文を読む

例文を読んで気付いたことはありませんか。

「朝」という漢字を「あさはやく」「ちょうしょく」というように，2通りの読みをしていました。

　例文をみんなで確認する。そして，一つの漢字に2通りの読み方があることを確認する。音読みはカタカナで表記し，訓読みはひらがなで表記していくことを伝え，板書する。

❷ 2通りの読み方を確認する

一つの漢字に2通りの読み方があるらしいです。知っていましたか。

確かに，漢字は同じだけれど読み方が違うなあ。

　教科書の説明をもとに，「中国語の読み方に近いのが音読みだから，聞いただけでは意味が分からないですね」というように，読んだ時の音に着目させたい。また，いくつか具体的な例を挙げながら，子どもたちが理解できる時間を確保したい。

| 本時の目標 | 本時の評価 |
|---|---|
| ・漢字には，2通りの読み方があることを確かめて，音訓の特徴をとらえることができる。<br>・漢字の読み方に興味をもって考えたり，調べたりしようとする。 | ・漢字には，2通りの読み方があることを確かめて，音訓の特徴をとらえている。<br>・漢字の読み方に興味をもって考えたり，調べたりしようとしている。 |

## 漢字の音と訓(くん)

漢字には、「音」読みと「訓」読みがあるらしい

朝　（音）チョウ
　　（訓）あさ

〈音読みとは〉
中国語に近い発音で読んでいる。
聞いても意味の分かりにくいものが多い。

〈訓読みとは〉
漢字の意味に合わせた言葉で読んでいる。
聞くと意味の分かるものが多い。

❸既習漢字の読み方を調べる

　音と訓の表記について気付き，既習漢字の読み方を調べる。その後，国語辞典などを使って答え合わせをして確認する。

❹本時のまとめをする

　次の時間は，音訓の区別をしたり，漢字の音と訓をどちらも使って短文を作ることを知らせる。

# 漢字の音と訓

2/2時間

準備物：国語辞典，漢字辞典，ホワイトボード，黒板掲示用資料

● 短作文づくり

　個人活動でもさほど難しくなく学べる内容ですが，子ども同士で交流することでより多くの言語に関心をもつことができます。子どもたちは，短作文作りをするのが好きですから，たくさん作り楽しみながら音訓読みを理解していきます。

● 特別な支援を要する子への配慮

　今まで習った漢字すべてを使ってよいことにすると問題を作りやすいです。さらに，漢字の読みを正しく覚えていない子どもや国語辞典の使い方に慣れていない子どもは，教科書の巻末にある漢字表を使うようにすると，みんなと同じように活動することができます。

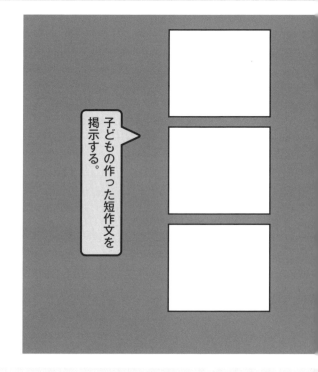

子どもの作った短作文を掲示する。

❶教科書 p.39 の 1 に取り組む

漢字の音と訓に親しみましょう。

「近道」は，「近い」と「道」の組み合わせで考えると送り仮名も付くし，「みち」と読むと漢字の意味もすぐに分かるから，どちらも「訓読み」かな？

　1 で，音と訓の特徴をしっかりととらえることで，活動にスムーズに入れるようにする。
　訓の特徴として，送り仮名があるということを教え，音と訓を区別するための手がかりとすることも補足として伝えたい。

❷教科書 p.39 の 2 に取り組む

音と訓をどちらも使って文が作れそうですか。

「楽」で，「わたしは，日よう日に後楽園きゅう場で野球を楽しんだ。」という文を作ったよ。

　教科書 p.148 の「これまでに習った漢字」のページを参考にできることを紹介する。
　ホワイトボードに記入し，書けたら黒板に貼っていくとまだ書けていない子の参考になる。

| 本時の目標 | ・音訓の特徴を理解し，それらのことを活用しながら漢字に親しむことができる。<br>・音と訓のどちらが使われているかを考えたり，両方を使って短文を作ったりしようとする。 | 本時の評価 | ・音訓の特徴を理解し，それらのことを活用しながら漢字に親しんでいる。<br>・音と訓のどちらが使われているかを考えたり，両方を使って短文を作ったりしようとしている。 |

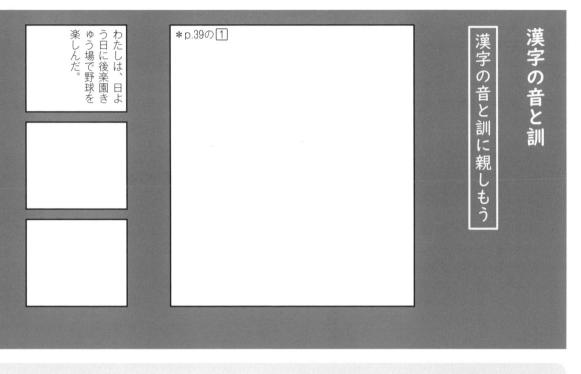

# 漢字の音と訓

## 漢字の音と訓に親しもう

わたしは、日よう日に後楽園きゅう場で野球を楽しんだ。

*p.39の①

❸ 問題作りをする

では，調べた漢字や今まで習った漢字で問題を作りましょう。

「教」を使うとこんな問題ができるよ。

ぼくは，「会」を使って作るよ。

私は，「次」にしよう。

　短文の例を示し問題作りをすることを伝える。
例『教室で算数を教わる』
C「『キョウ』は聞いただけでは意味が分からないので音で，『おそ』は訓です。」
T「このように，今まで習った漢字を使って音訓問題を作りましょう。」
　問題を作る時間を5〜10分程度に決めて集中して取り組ませるようにするとよい。

❹ ペアまたは4人グループで交流する

問題を出すよ。音と訓を使って短文を作ったよ。「運動会で山田君の弟に会った」分かるかな？

運動会の「カイ」は，聞いただけでは意味がわからないので音で「あった」は訓だと思うよ。

正解です。

　問題を作ったら，ペアまたはグループで交流して学習を深める。
　交流の後，活動の振り返りをする。「本当に送り仮名があるのは全部訓だった」や「音か訓か迷う漢字もたくさんあったよ」などまとめをする。

# もっと知りたい，友だちのこと／[コラム] きちんとつたえるために

6時間

## 1 単元目標・評価

・相手を見て話したり聞いたりするとともに，言葉の抑揚や強弱，間の取り方などに注意して話すことができる。(知識及び技能(1)イ)
・話し手が伝えたいことや自分が聞きたいことの中心をとらえ，自分の考えをもつことができる。(思考力，判断力，表現力等 A(1)エ)
・言葉がもつよさに気付くとともに，幅広く読書をし，国語を大切にして，思いや考えを伝え合おうとする。(学びに向かう力，人間性等)

| 知識・技能 | 相手を見て話したり聞いたりするとともに，言葉の抑揚や強弱，間の取り方などに注意して話している。((1)イ) |
|---|---|
| 思考・判断・表現 | 「話すこと・聞くこと」において，話し手が伝えたいことや自分が聞きたいことの中心をとらえ，自分の考えをもっている。(A(1)エ) |
| 主体的に学習に取り組む態度 | 進んで質問しながら聞くことで，話し手が伝えたいことや自分が聞きたいことの中心をとらえ，学習への見通しをもって，伝えたいことを話したり，知りたいことを質問したりしようとしている。 |

## 2 単元のポイント

### この単元で知っておきたいこと

　導入で，子どもたちの「やってみたい！」を引き出すことが大切である。「友達の話の中で，もっと詳しく聞きたくなった経験はありませんか？」や「今から自分のことでお知らせをしてくれる人はいませんか？」など，話し手が伝えたいことや自分が聞きたいことの中心をとらえ，自分の考えをもつ活動をクラス全員で共有できるように仕組んでいく。

### 教材の特徴

　中心教材は，子どもたちが話すだろう「クラスのみんなに知らせたいこと」である。「かんたんなメモ」ができた段階で，話す練習をする時間を取っておく。また，「しつもんカード」に書いたことの中から特に聞いてみたいことを選ぶ時間も忘れずに確保したい。

## 3 学習指導計画（全6時間）

| 次 | 時 | 目標 | 学習活動 |
|---|---|---|---|
| 一 | 1 | ・「話を聞いて，さらに，聞きたいことを考えて質問する」という学習への見通しをもつことができる。 | ○「話を聞いて，さらに，聞きたいことを考えて質問する」という学習への見通しをもつ。<br>・教科書を読み，友達の話からさらに，詳しく聞きたくなった経験を紹介する。<br>・学習課題を設定する。<br>・教科書をもとに，学習計画を確認する。<br>・次は，話し手として，お知らせしたいことを考えることを確認する。 |
| 二 | 2 | ・日常生活の中から話題を見付け，話し手として必要な事柄を選び，メモを見て，組み立てながら話すことができる。 | ○話し手として，一人一人がお知らせしたいことのメモを作り，メモを見て話す練習をする。<br>・何人かの子どもに，お知らせしようと思っていることを発表してもらう。<br>・「お知らせメモ」の書き方を確認する。<br>・「お知らせメモ」を書いてみる。<br>・「お知らせメモ」に沿って話してみる。 |
| | 3 | ・どんな質問をすると話し手からたくさん話が引き出せるか考えながら，教科書に紹介された表を参考に，質問の種類や話の聞き方を考えることができる。 | ○教師が話し手となり，子どもたちが質問を考え，どうしてその質問をしたのかという理由も述べながら質問の種類や使い方について考える。<br>・教師の「知らせたいこと」を聞く。<br>・質問を考える。<br>・一番聞いてみたいことを決める。<br>・質問の種類や使い方を整理する。 |
| | 4<br>・<br>5 | ・話し手が伝えたいことや自分が聞きたいことの中心をとらえ，自分の考えをもつことができる。 | ○グループになり，友達の話を聞いて，質問する。<br>・3～4人のグループになり1人ずつ話す。<br>・聞き手は，もっと知りたいことを「しつもんカード」に書く。<br>・一番聞いてみたいことを決め，質問し，知りたいことを引き出す。（どうしてその質問をするのか理由を伝える）<br>・教科書p.44「きちんとつたえるために」で，大事にしなければならないことをもう一度確かめる。<br>・活動を通して，心に残ったことを伝え合う。 |
| 三 | 6 | ・話を聞いて質問する時に大切だと思ったことを振り返るとともに，今後どのように生かしていきたいのか見通しをもつことができる。 | ○学習を振り返る。<br>・質問する時にどんな言葉を使ったか。<br>・どんなことに気をつけて質問したか。<br>・質問することで，どんないいことがあったか。<br>・今回の学習をどんな場面で生かしたいか。 |

単元について　75

# 1/6時間 もっと知りたい、友だちのこと／[コラム]きちんとつたえるために

準備物：黒板掲示用資料

## ●学習活動が見通せる導入

朝の1分間スピーチの折など「友達の話を聞いた時、もっと詳しく知りたいと思ったことはありませんか。」と問うと「どこで遊んだのか」「誰と遊んだのか」「どんな気持ちだったのか」「どうしてそこで遊ぶことにしたのか」などたくさん出てきます。「これらの質問をして、話し手からたくさんの話が引き出せたら楽しいですね。」と声をかけます。そこで、「友だちの話を聞いて、さらに聞きたいことを考え、質問し、たくさんの話を引き出そう。」という学習課題を設定します。

## ●学習計画を立てる

学習課題が決まったら学習計画を確かめます。教科書 p.40「学習のすすめ方」を参考にして、具体的にどんな学習活動をするのか確かめます。一つ一つの学習活動は短冊に書いておくと便利です。

> 友だちに知らせたいことを考える。
>
> *p.40「学習のすすめ方」を短冊にして掲示

### ❶詳しく聞きたくなった経験を紹介する

もっと詳しく知りたいと思ったことはありませんか？

「どこで遊んだのか」知りたかったな。

「どうしてそこで遊ぶことにしたのか」知りたかったな。

詳しく聞きたくなった経験を紹介することで、質問してたくさんの話を引き出すと、話し手も伝えたいことがはっきりするし、聞き手も自分の考えをもつことができるというよさがありそうだということに気付かせたい。

### ❷学習課題を設定する

「友だちの話を聞いて、さらに聞きたいことを考え、質問し、たくさんの話を引き出そう。」で学習していきましょう。

この学習課題で学習を進めることで、話し手が伝えたいことや、自分が聞きたいことの中心がとらえられ、自分の考えに生かせるようになっている姿として、単元の振り返りの段階で称賛することを見通す。

| 本時の目標 | ・「話を聞いて，さらに，聞きたいことを考えて質問する」という学習への見通しをもつことができる。 | 本時の評価 | ・「話を聞いて，さらに，聞きたいことを考えて質問する」という学習への見通しをもっている。 |

## もっと知りたい、友だちのこと

**学習計画を立てよう**

友だちの話
もっとくわしく知りたいと思ったことは？
・「どこで遊んだのか」
・「だれと遊んだのか」
・「どんな気持ちだったのか」
・「どうしてそこで遊ぶことにしたのか」
・「どんな味だったのか」

しつもんすると、もっと話が引き出せそう

**学習かだい**

友だちの話を聞いて、さらに聞きたいことを考え、しつもんし、たくさんの話を引き出そう。

❸ 教科書をもとに，学習計画を確認する

学習計画は，いつも見える位置に置いておきたい。また，できるなら，一つ一つ短冊にして，本時の授業に合わせて黒板に貼りたい。そうすることで，見通しをもちながら学習に向かう姿を養いたい。

❹ お知らせしたいことを考えることを確認する

 次の時間は，どんな学習をしますか？

 次の時間の学習は，話し手として，お話を作って話し，質問をしてもらいます。

学習計画に注目できるよう，子どもたちに発問したい。

学習計画と学習課題は，毎時間授業のはじめで確認する。黒板の右側のスペースなど単元の学習が行われている間は掲示しておくとよい。

# 2/6時間 もっと知りたい，友だちのこと／[コラム]きちんとつたえるために

準備物：黒板掲示用資料

●グループについて

話して聞いて質問して話を引き出したり，自分の考えをもったりするためのグループは，本時終了後，話す内容が決まってから分けます。「学校」「家」「がんばり」「すきなこと・もの」などなるべく同じような内容のものが重ならないようグループを分けます。

●メモを見て話す練習

話す練習では，まず，1人で練習し，ある程度できるようになったら隣の友達に聞いてもらうようにします。何度も何度も練習することで，突然話したくなったことをうまく話せたり，忘れてしまったことも別の言葉を使って話せたりすることを子どもたちに伝えます。

> 知らせたい理由を聞くと、自分の知らせたいこともうかんできた。
>
> 話すとき
> ・場に合った声の大きさ
> ・間
> ・聞き手への目くばり
> ・声の強弱

❶お知らせしたいことを発表する

お知らせしたいことが決まっている人は，紹介してください。

犬を飼いはじめたことをお知らせしたいな。

休み時間のドッジボールのことをお知らせしたいな。

学校で，一輪車に乗る練習をしていることお知らせしたいな。

まだ迷っている子もいるので，決まっている子にどんどんお知らせしたいことを聞いていく。そして，どうして，そのことをお知らせしたいのか理由を聞くことで，まだ決まっていない子にとっての参考になる。

板書には，子どもの発言に合わせて「学校」「家」「がんばり」などの小見出しを付けながら整理する。

❷「お知らせメモ」の書き方を確認する

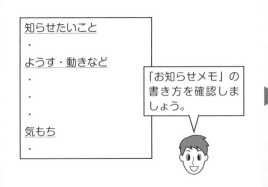

教科書 p.41のかんたんなメモを「お知らせメモ」と名付け，その書き方を確認する。

様子だけでなく，その時の気持ちもメモしたいという子が出るかもしれない。メモの様式は，子どもたちと相談しながら決めるとよい。

| 本時の目標 | ・日常生活の中から話題を見付け，話し手として必要な事柄を選び，メモを見て，組み立てながら話すことができる。 | 本時の評価 | ・日常生活の中から話題を見付け，話し手として必要な事柄を選び，メモを見て，組み立てながら話している。 |

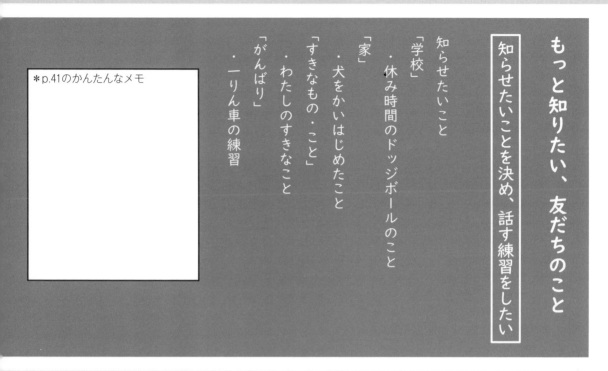

### ❸「お知らせメモ」を書いてみる

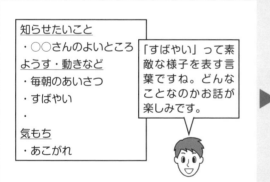

　メモは，話しているうちに変わってくるので，その都度書き加えたり，消していくことを伝える。完成した人からメモを読んで紹介してもらう。そうすることで，どんなお話になりそうか想像することもできる。また，メモを作る時の参考にもなる。席を立って，どんどん交流させる。素敵な様子を表す言葉を使っている子を，どんどん紹介していく。

### ❹「お知らせメモ」に沿って話してみる

　メモに沿って話すとき完璧を求めるのではなく，自分の書いた様子を表す言葉や動きが分かりやすく話せているかを見て回る。繰り返し練習している子は，どんどんほめる。
　また，本時の振り返りでは，できるようになったことやなりたいことなどを中心に発言させ，次時の活動につなぐ。

第2時　79

# 3 / 6時間　もっと知りたい，友だちのこと／[コラム]きちんとつたえるために

**準備物**：黒板掲示用資料，しつもんカード

● 一緒にやってみることで活動をイメージする

　教師の「知らせたいこと」を聞いて，質問を考えます。ここでは，教科書の例と同じような「家での出来事」について話します。1回話した後で，準備していた話の内容を黒板に貼って，もう一度，話をします。友達の質問を聞きながら後から話の内容を見返せるよう，本時では，話の内容を黒板に貼ることにします。

● 話し手が一番伝えたいこと

　ここでは「たくさん話が引き出せるしつもんづくり」をめざすことで，「話し手がいちばん話したいこと」を落とさずに聞こうとする姿につなげていくことを大切に考えています。そうすることで，いろいろな視点からの的を得た質問ができることにも気付かせることができます。

> 話し手がいちばん話したいことを考えながら聞く。
>
> ＊p.41の表

### ❶教師の「知らせたいこと」を聞く

> ○○さんが私のほうをよく見て，うなずきながら聞いてくれていたので，とても話がしやすかったです。

　話の内容は，声だけでなく，相手に目線を向けることでよりよく伝わることを伝える。そのためには，教師が少し大げさなくらい子どもたちに目を配りながら話をし，聞き手が話す人の方を見てくれてとても話しやすかったことを伝える。話し手も聞き手もお互いの姿勢が大切になることを伝える。

### ❷質問を考える

> 話を引き出すために，どんな質問をしますか？

　まずは思いついたものからしつもんカードに書いてみるよう声をかけたい。友だちのつぶやきも耳にしながらしつもんカードに向かう子どもたちの姿が見られるはずである。

| 本時の目標 | ・どんな質問をすると話し手からたくさん話が引き出せるか考えながら、教科書に紹介された表を参考に、質問の種類や話の聞き方を考えることができる。 | 本時の評価 | ・どんな質問をすると話し手からたくさん話が引き出せるか考えながら、教科書に紹介された表を参考に、質問の種類や話の聞き方を考えている。 |
|---|---|---|---|

# もっと知りたい、友だちのこと

たくさん話が引き出せるしつもんや聞き方を考えたい

> ぼくが大切にしているのは、家でかっているマルチーズです。マルチーズは、まっ白な犬です。まだまだ小さいので、お世話をしていると、やさしい気もちになれます。とくに、ねているところがかわいくて、大すきです。
> これからも大切にします。

- 名前は
- ほかに、かわいいところは。
- いつからかいはじめたか。
- どうして、かうことになったのか。
- どのくらいの大きさか。
- どんなえさを食べるのか。

---

❸ 一番聞いてみたいことを決める

他にもかわいいところがあると思うから聞いてみたいな。

たくさんの犬の中でも「どうして、マルチーズを飼うことにしたのか。」聞いてみたいな。

名前には、思いが込められているかもしれないな。

なかなか質問が思い浮かばない子には、質問への見方・考え方をつかむために、友達がどうしてその質問をすることにしたのかをよく聞いておくとよいことを伝える。

❹ 質問の種類や使い方を整理する

「話を引き出すために」と思って話を聞くと、話し手が何を伝えたいかよく分かるような気がするよ。

もっともっと聞きたいことがあるな。知らないことや分からないことは、まず聞いておきたくなるな。

子どもたちは、自分たちが考えた質問が「どんな時に使うものなのか」ということを表で確認することで、ますます、聞いてみたいこと、どうしても知りたいと思うことがはっきりしてくるはずである。次時でも、表を参考にしながら質問を考えるよう声をかけたい。

第3時 81

# もっと知りたい，友だちのこと／[コラム]きちんとつたえるために

4・5/6時間

準備物：黒板掲示用資料

●聞き手として「もっと知りたいこと」

　話を聞きながら「もっと知りたいこと」が，たくさん浮かんでくる感覚を子どもたちに体験させたいものです。前時の「話を引き出すためのしつもん」づくりから一歩踏み込んで「もっと知りたい」と主体的な活動になるのが本時です。

　教師は，子どもたちが話し手の伝えたいことに集中している姿をどんどん称賛していきます。そして，その都度「どうして，この質問をしてみたいの？」と問い，話をさせることで，思いをよりはっきりさせます。そうすることで，相手の伝えたいことを通して，自分の考えがよりはっきりすることのよさを実感してもらいたいと思います。

活動をとおして，心にのこったこと

❶グループで１人ずつ話し，質問する

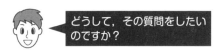

　３〜４人のグループで活動する。❶❷をグループの人数分繰り返す。

❷質問し，話を引き出す

　聞きたいことがどんどん出てくる子は，質問に答えてもらった後すぐに，つないで質問をすることが考えられる。時間がある場合は，質問を続けさせたい。

| 本時の目標 | ・話し手が伝えたいことや自分が聞きたいことの中心をとらえ，自分の考えをもつことができる。 | 本時の評価 | ・話し手が伝えたいことや自分が聞きたいことの中心をとらえ，自分の考えをもっている。 |

## もっと知りたい、友だちのこと

しつもんをして、友だちのことをもっと知りたい

話を聞いて、しつもんする手じゅん

① もっと知りたいことを考えながら聞く。
② しつもんしたいことを書く。
③ いちばんしつもんしたいことをえらんでたずねる。

* p.41の表

* pp.44-45
「４コママンガ」

### ❸ 落としてはいけないことを考える

２人とも，どのように言えばよかったのでしょう。

「服が～」とか「犬が～」というように，はっきりと主語を伝え合えたら食い違いが起こらなかったんだね。

教科書 p.44「きちんとつたえるために」を読み，伝える時に大事にしなければならないことをもう一度確かめる。

二つ目の例でも，「アイスがあるからちょっと来て。」と言うか，「何があるの？」と聞き返すかなど，子どもたちとどうすればよかったか話し合ってみる。

（「きちんとつたえるために」は，学級の実態に合わなければ，別の時間にやってもよい。）

### ❹ 心に残ったことを伝え合う

△△さんのがんばる理由が聞けたことで，自分も元気になれました。詳しく聞き合えてよかったです。

□□さんがどれくらいチワワを大切に思っているかが分かりました。家にも犬がいるので思いがよく似ていることも分かりました。

「もっと知りたい，友だちのこと」ということで質問を通して，自分が聞きたいことを質問して学習を展開してきた。相手のことがよく分かったという思いをどんどん紹介する時間にしたい。そうすることで，話す聞く場面で大切にすべきことをはっきりさせたい。

第４・５時 83

# もっと知りたい，友だちのこと／[コラム]きちんとつたえるために

準備物：なし

● 日常に生かすために

本単元での学習を身近な生活のなかで生かしていきたいという思いをはっきりともたせることが本時での大切な目標となります。今までの子どもたちのかかわりのよさ，成長などを称賛し今後の活動をよりよくできるという自信をもたせたいものです。

・今回の学習をどんな場面で生かしたいか。

❶ 質問する時に使った言葉を考える

四つの点で，学習を振り返ってみましょう。

「なぜ」や「どうして」などの理由を尋ねる言葉や「どのように」と様子を詳しく聞く言葉，「いつ・どこで・誰が・何を」など分からないことを尋ねる言葉も使えたな。

ワークシートを作成したりノートに見出しを書かせたりして，考えをまとめる時間を確保する。

❷ 質問する時に気をつけることを考える

ぼくは，どんな質問をすると，友達からたくさんの話が引き出せるかを考えて質問しました。

私は，自分がもっと知りたいことを中心に質問を考えました。また，たくさんの中から，質問を選ぶ時は，友達の伝えたいことに合うよう選びました。

机間指導を通して，内容を少し確認しておき，教師から指名するのもよい。

| 本時の目標 | ・話を聞いて質問する時に大切だと思ったことを振り返るとともに，今後どのように生かしていきたいのか見通しをもつことができる。 | 本時の評価 | ・話を聞いて質問する時に大切だと思ったことを振り返るとともに，今後どのように生かしていきたいのか見通しをもっている。 |

## もっと知りたい、友だちのこと

**学習をふり返る**

・しつもんするときにどんな言葉を使ったか。
・どんなことに気をつけてしつもんしたか。
・しつもんすることで、どんないいことがあったか。

### ❸質問のいいところを共有する

質問をすることで，今まで知らなかったお友達のことがさらに分かったので，仲が深まった感じがします。

どうしてか理由を質問すると，自分の思いとよく似ていたので，なんだかうれしくなりました。

　相手のことをよく知る方法として「質問する」という方法を使っていける雰囲気を学級に根付かせたい。

### ❹今回の学習の大切さを確認する

どの授業の中でも聞いてみたいことが見付かったら進んで質問したいです。

自分から進んで友達に声をかけやすくなったので，もっと仲良くなるために，分からないことは聞いてみたいです。

　お互いのかかわりがよりよくなるための一つの方法として，話す聞く場面，特に質問することの大切さを確認する。

第6時

# 漢字の広場②

**2時間**

## １ 単元目標・評価

・既習の漢字を書き，文や文章の中で使うことができる。（知識及び技能(1)エ）

・よりよい文章表現にするために，友達のよい表現を見付けたり，文章の間違いを見付け直したりすることができる。（思考力，判断力，表現力等 B(1)エ）

・言葉がもつよさに気付くとともに，幅広く読書をし，国語を大切にして，思いや考えを伝え合おうとする。（学びに向かう力，人間性等）

| 知識・技能 | 既習の漢字を書き，文や文章の中で使っている。（(1)エ） |
|---|---|
| 思考・判断・表現 | 「書くこと」において，よりよい文章表現にするために，友達のよい表現を見付けたり，文章の間違いを見付け直したりしている。（B(1)エ） |
| 主体的に学習に取り組む態度 | 既習の漢字を使った文や文章を進んで作ろうとしている。 |

## ２ 単元のポイント

### 言語活動

　ここでの言語活動は，挿絵と２年生で習った漢字を使って，宝物を探しに出かけた男の子のお話を書くという活動である。文から文章になる時に押さえておきたいのが，接続語である。場面と場面のつながりに着目して，正しく接続語を使える力を養いたい。児童には，「つなぎの言葉」というように，言葉の役割が意識できるような呼び方で共通理解するのが好ましいだろう。本単元では，「そこで」「けれども」などを使ってみるよう促されている。また，子どもたちらしい接続語もどんどん認め，漢字の意味と場面の様子をつないで考えながら楽しんで文章を作っている姿をほめていきたい。

### 教材の特徴

　本単元に使われている挿絵は，いくつかの場面がつながり，一つの物語となっている。また，絵が物語の展開をとらえやすいものになっているので，隣り合う場面と場面を想像しながら物語作りができる。さらに，一つの場面の絵が次の場面と何らかのつながりをもっているので，指定された既習の漢字を見ながら場面の様子や人物の気持ちを想像しやすい。

## 3 学習指導計画（全2時間）

| 次 | 時 | 目標 | 学習活動 |
|---|---|---|---|
| 一 | 1・2 | ・既習の漢字を書き，文や文章の中で使うことができる。<br>・既習の漢字を使った文や文章を進んで作ろうとする。 | ○「場面と場面のつながりを考えながら，たから物をさがしに出かけた，男の子のお話を書こう！」という学習課題を設定する。<br>・漢字の読み方と意味を確認する。<br>・登場人物と大まかな話の流れを確認する。<br>・例文を参考にして文章を書く。<br>・ペアやグループで書いた文章を読み返す。<br>・学習を振り返り次時への見通しをもつ。<br>○「場面と場面のつながりを考えながら，たから物をさがしに出かけた，男の子のお話を書こう！」という学習課題を再確認する。<br>・文章作りをする。<br>・ペアやグループで書いた文章を読み返す。<br>・はじめからつないで読んでみる。<br>・感想を述べ合う。<br>・学習を振り返り次時への見通しをもつ。 |

### 番号をつける

　事柄の順序や時間の順序など，物語文や説明的文章には「順序」というものが意識されて書かれています。見ている場所や位置を素早くみんなで把握したり変化や流れをつかんだりする場合には，あらかじめ番号や印をつける作業をしておくとよいでしょう。

単元について　87

## 漢字の広場②

準備物：黒板掲示用資料

●接続詞（つなぎの言葉）の仲間分け

　子どもの発言に合わせてつなぎの言葉を素早く仲間分けします。例えば，
○また，そして，それから，そのうえ，さらに
　　など（付け加え）
○けれども，しかし，ところが，でも，だが
　　など（前の事柄と逆）
○そこで，だから，つまり，たとえば，すると
　　など（理由・説明）
○さて，ところで，では　など（話題の転換）
など，四つくらいに分けて整理することで，より主体的に使い方や使う場面が想像できます。出てこない場合も教師の方から意図的に出すことで一緒に使い方を考えることができます。

〈つなぎの言葉〉
○また、そして、それから、さらに
○けれども、しかし、ところが、でも
○そこで、だから、つまり、たとえば
○さて、ところで、では

つなぎの言葉を使うと分かりやすい。

### ❶学習課題の確認をする

今出てきた言葉を使って宝探しの冒険の様子を表す文が作れそうですか？

簡単だよ！できるできる！

やってみたいです！

絵から他にもいろいろな言葉が使えそうで楽しそう！

　今回は，宝探しの冒険に出かけることを確認する。まずは，順に教師が指示した漢字を子どもたちと一緒に読んでいく。
　ここに出てきていない言葉も絵を見て思い浮かんだら使っていくことも確認する。

### ❷例文を確認し短文で表す

お話のつながりがよく分かる文のポイントは何かな？

○誰が何をしているのか
○どんな様子で何をしているのか
○場面と場面をつなぐ言葉を使ってみたい

　例文を音読し，ポイントを押さえる。
　子どもたちは，どんどん文章を作成していくと考えられる。子どもの実態によって，個人やペアや3人組などで短文を作っていくと楽しい。できあがったら他の友達と交流することも伝えておきたい。

| 本時の目標 | ・既習の漢字を書き，文や文章の中で使うことができる。<br>・既習の漢字を使った文や文章を進んで作ろうとする。 | 本時の評価 | ・既習の漢字を書き，文や文章の中で使っている。<br>・既習の漢字を使った文や文章を進んで作ろうとしている。 |
|---|---|---|---|

## 漢字の広場②
### 男の子のぼうけんのお話を書きましょう

*p.46挿絵

○まなぶくんは、たから物のある場所がかかれた地図を見つけました。そこで、ぼうけんに行くことにしました。母さんに見送られ、家を出ました。

### ❸グループで推敲する

「まなぶくんたちは，丸い岩の戸がついたどうくつを見つけた。そこで，２人は，ロープを使って引っぱって戸を開けることにした。」

「そこで」を使うことで場面と場面がうまくつながった感じがするわ。

上手に接続詞を用いている児童を紹介する。
　例　まなぶくんは，一本道を元気に西の方角へ歩いて行きました。すると，親友に会いました。もちろんいっしょにたからをさがしに行くことになりました。親友との楽しい旅になりそうです。けれども，太いへびが木の上から２人におそいかかりました。２人は，急いでにげました。しばらく行くと谷に着きました。そこには細くて長い木の板がかけられていました。

### ❹紹介し，感想を述べ合う

同じ絵や漢字を使っても少し違った文章になるのが面白いな。

つなぎの言葉が上手く使えるようになってきたよ。

「どうしてこういう表現にしたの？」のように表現に関する質問をしている児童は大いにほめたい。付箋などを準備しておき，その場でコメントを書き，用紙に貼り並べていくのもよい。仲間からもらったコメントは，後で，「○○というようなコメントをもらってうれしかった。」のように，グループや全体の発表でも使うことができる。

2　段落とその中心をとらえて読み，かんそうをつたえ合おう

# 〈れんしゅう〉言葉で遊ぼう／こまを楽しむ／［じょうほう］全体と中心

**8時間**

## 1　単元目標・評価

・段落の役割について理解することができる。（知識及び技能(1)カ）
・全体と中心など情報と情報との関係について理解することができる。（知識及び技能(2)ア）
・段落相互の関係に着目しながら，考えとそれを支える理由や事例との関係などについて，叙述をもとにとらえることができる。（思考力，判断力，表現力等 C(1)ア）
・言葉がもつよさに気付くとともに，幅広く読書をし，国語を大切にして，思いや考えを伝え合おうとする。（学びに向かう力，人間性等）

| 知識・技能 | 段落の役割について理解している。（(1)カ）<br>全体と中心など情報と情報との関係について理解している。（(2)ア） |
|---|---|
| 思考・判断・表現 | 「読むこと」において，段落相互の関係に着目しながら，考えとそれを支える理由や事例との関係などについて，叙述をもとにとらえている。（C(1)ア） |
| 主体的に学習に取り組む態度 | 進んで段落相互の関係に着目しながら内容をとらえ，学習課題に沿って，読んで考えたことを伝え合おうとしている。 |

## 2　単元のポイント

### 身に付けたい資質・能力

　本単元では，段落相互の関係に着目しながら，考えと理由や事例との関係をとらえて，内容を読む学習をする。指導にあたっては，「はじめ—中—おわり」の構成，考えと理由・事例の段落に分かれることを知らせる。「言葉で遊ぼう」，「こまを楽しむ」を読む際は，「段落」の役割（問い，答え，まとめ）や三つの構成で書かれていることに気付くことができるようにする。

### 教材の特徴

　本単元は，プレ教材として「言葉で遊ぼう」が設けられ，基本的な用語「段落」，「はじめ—中—おわり」について学習してから，「こまを楽しむ」を読む。「こまを楽しむ」を読む際には，プレ教材と関連付けることが重要である。例えば，「『言葉で遊ぼう』では『はじめ』は①段落だったけれど，『こまを楽しむ』では？」と問いかける。そして，どちらも問いがあることを見付けさせ，問いの役割を理解させるようにする。

90　〈れんしゅう〉言葉で遊ぼう／こまを楽しむ／［じょうほう］全体と中心

## 3 学習指導計画（全8時間）

| 次 | 時 | 目標 | 学習活動 |
|---|---|---|---|
| 一 | 1 | ・進んで段落相互の関係に着目しながら内容をとらえ，学習課題に沿って，読んで考えたことを伝え合うという学習課題をとらえようとする。 | ○「言葉で遊ぼう」で説明文の書き方を学習し，「こまを楽しむ」を読み，まとまりをとらえて感想を話すという学習課題を知る。<br>・「言葉で遊ぼう」を音読して書かれていることの大まかな内容をつかむ。その時，この単元で学習すると説明文の書き方が分かると投げかけてスムーズに学習に入ることができるようにする。 |
| 二 | 2 | ・段落の役割について理解することができる。 | ○「言葉で遊ぼう」の「はじめ」と「おわり」を中心に読み，構成をとらえる。<br>・「段落」を知り，文章全体の「問い」を確認する。<br>・段落の数や，文末に着目させて，各段落の役割を読み取る。 |
| | 3 | ・段落相互の関係に着目しながら，考えとそれを支える理由や事例との関係などについて，叙述をもとにとらえることができる。 | ○「言葉で遊ぼう」の「中」を中心に読み，構成をとらえる。<br>・「中」の②〜④段落を比較させて，遊びの名前，説明，楽しさという構成になっていることをつかむ。そして，②〜④段落の，「問い」に対する「答え」を見付ける。<br>・書き方について感じたことを話し合う。 |
| | 4 | ・段落相互の関係に着目しながら，考えとそれを支える理由や事例との関係などについて，叙述をもとにとらえることができる。 | ○「こまを楽しむ」の構成をとらえる。<br>・段落番号をふり，「はじめ」「中」「おわり」の構成になっていることを確認する。<br>・問い・まとめの段落と内容をとらえる。 |
| | 5 | ・段落相互の関係に着目しながら，考えとそれを支える理由や事例との関係などについて，叙述をもとにとらえることができる。 | ○「こまを楽しむ」の構成をとらえる。<br>・「中」の②〜⑦段落で「答え」が述べられていることを確認し，その内容をノートに整理する。 |
| 三 | 6 | ・全体と中心など情報と情報との関係について理解することができる。 | ○「こまを楽しむ」の構成をとらえる。<br>・「おわり」の⑧段落で「まとめ」が述べられていることを確認し，その内容をノートに整理する。 |
| | 7 | ・全体と中心など情報と情報との関係について理解することができる。 | ○どのこまで遊びたいかグループで話し合う。<br>・遊びたいものを一つ選び，理由をまとめる。<br>・自分たちが選んだこまについて，選んだ理由をグループで発表し合い，気付いたことをまとめる。 |
| | 8 | ・進んで段落相互の関係に着目しながら内容をとらえ，学習課題に沿って，読んで考えたことを伝え合おうとする。 | ○学習を振り返る。<br>・教科書 p.58「たいせつ」，p.59「じょうほう」を読む。<br>・教科書 p.59ページの練習問題を解く。<br>・教師とともに学習した内容を整理して，感想をまとめる。 |

単元について　91

# 〈れんしゅう〉言葉で遊ぼう／こまを楽しむ／［じょうほう］全体と中心

1／8時間

準備物：黒板掲示用資料

● 児童に興味をもたせる

　この時間のポイントは、「自分の選んだこまの遊びについて友達に伝えたい」という思いを児童にもたせることができるかということです。そのために、既習の生活科の昔遊びでの体験を自由に話させることが重要です。そして人によって工夫した遊び方があって、それを「知りたい！」という反応が出た時、「じゃあ、あなたの好きなこまの遊びを友達に紹介する勉強をしよう」と誘うのです。

● 特別な支援を要する子への配慮

　単元の流れを図に表し、掲示するといった視覚化の配慮をします。この図は、単元が終わるまで教室に掲示しておくとよいでしょう。

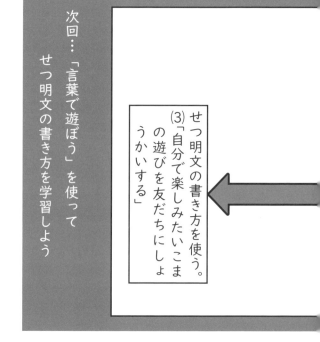

❶ 遊びを紹介したいという思いをもつ

　児童に「生活科で何を使って遊んだか思い出しましょう」と問う。すると、「けん玉、お手玉、こま」などが出る。その時、「○○の遊び方はよく知らない」という反応を取り上げ、「得意な遊びや、教えてあげたい遊びを思い出して」と誘う。そして、「その遊びについて、もっと知りたい！」という反応を認め、「得意な遊びを紹介できたら面白そう」という思いをできるだけ多くの児童がもてるようにする。

❷ 単元の流れをつかむ

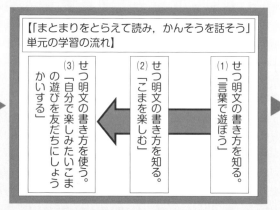

　「遊びを説明する文章を書いて友達に紹介しましょう」と投げかける。「できるかな？」と不安な児童の反応を認め、上記の単元図を示す。「説明文の述べ方を短い『言葉で遊ぼう』で学習します」と流れを説明する。それから、「『こまを楽しむ』で、こまでの遊びがいくつか出てくるから、読んでどれで遊びたいかを紹介します。」と説明し、活動に不安な児童が安心して学習に取り組みはじめることができるようにする。

| 本時の目標 | ・進んで段落相互の関係に着目しながら内容をとらえ，学習課題に沿って，読んで考えたことを伝え合うという学習課題をとらえようとする。 | 本時の評価 | ・進んで段落相互の関係に着目しながら内容をとらえ，学習課題に沿って，読んで考えたことを伝え合うという学習課題をとらえようとしている。 |
|---|---|---|---|

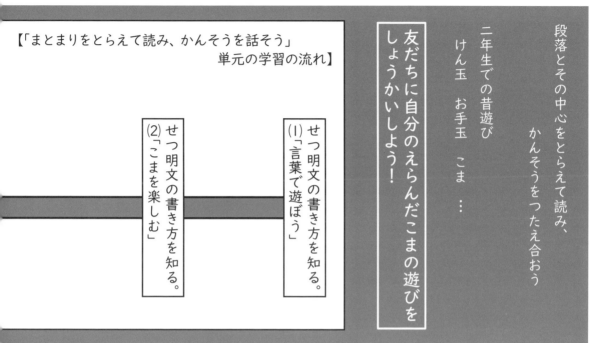

❸「言葉で遊ぼう」の内容を読む

「言葉で遊ぼう」を読み，述べ方の工夫を読み取ります。

「はじめ」「中」「おわり」で書いている。

これが書き方の工夫です。次の時間に勉強しましょう。

❹今日の学習の振り返りをする

「せつ明文の書き方」「遊びをしょうかい」という言葉を使って，学習の振り返りを書きましょう。

　児童に「『言葉で遊ぼう』を読み，述べ方の工夫を読み取ります」と誘う。範読し，音読させる。すると，「知っている」などの反応が出る。「言葉遊びはいくつ出てきましたか？」と問い，「しりとり」「早口言葉」「しゃれ」「回文」「アナグラム」の五つを確認する。そして，教科書が「はじめ」「中」「おわり」で書かれていることに気付いた児童に対しては，「これが書き方の工夫です。次の時間に勉強しましょう」と返す。

　最後に，今日の時間の振り返りをさせる。「『せつ明文の書き方』『遊びをしょうかい』という言葉を使って，学習の振り返りを書きましょう」と投げかける。書き出しに困っている場合は，「『まとまりをとらえて読み，かんそうを話そう』という学習で，『せつ明文の書き方』を勉強して，最後に…」という書き出しを示す。そして，指示した言葉を用いている児童の振り返りを GOOD モデルとして紹介する。

# 〈れんしゅう〉言葉で遊ぼう

2/8時間　準備物：黒板掲示用資料

● 「はじめ」のつかませ方

　この時間のポイントの一つは，説明文はいくつかの段落からできていて，その段落には全体の問いを含む「はじめ」があることを児童につかませることです。そのために，「問いかけられたら答えようと思うから，書き手（筆者）は興味を引くためにはじめに問いかけをしたんだ」と伝えればよいと思います。

● 「おわり」のつかませ方

　「おわり」については，「このように」というつなぎことばを使って，まとめていると伝えましょう。既習の説明文で「このように」を使っているものを例として示すのもよいと思います。

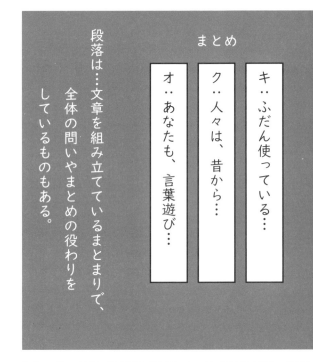

まとめ

キ‥ふだん使っている…
ク‥人々は、昔から…
オ‥あなたも、言葉遊び…

段落は…文章を組み立てているまとまりで、全体の問いやまとめの役わりをしているものもある。

❶ 「言葉で遊ぼう」の学習範囲を知る

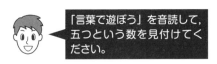
「言葉で遊ぼう」を音読して、五つという数を見付けてください。

五つ見つけたよ。

　「今日から，『言葉で遊ぼう』を使って，説明文の読み方を学習しましょう」と声をかけ，「『言葉で遊ぼう』から五つという数を見付けてください」と投げかける。すると児童は，段落の数に気付く。そこで，「言葉で遊ぼう」は五つの段落だと確認する。そして，教科書 p.48下段の段落の説明を写させ，段落という言葉を教える。また，「今日は①と⑤段落は文章の中でどんな役割を果たしているかを学習します」と伝える。

❷ 単元の流れをつかむ

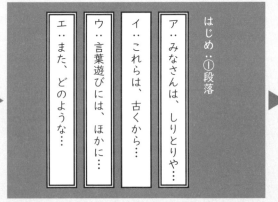

はじめ‥①段落
ア‥みなさんは、しりとりや…
イ‥これらは、古くから…
ウ‥言葉遊びには、ほかに…
エ‥また、どのような…

　四つの短冊を黒板に提示する。その際，1・3・4文目（ア，ウ，エ）と2文目（イ）とが区別できるように提示し，「違いは何でしょう？」と問う。分からない児童には文末に着目させ，ア，ウ，エが問いになっていることに気付かせる。そのうえで，「アは読み手に問いかけて興味を引く工夫」で，「ウ，エはこの説明文で書き手（筆者）が伝えたいことを問いの形でまず，読み手に投げかけているという工夫」だと伝える。

94　〈れんしゅう〉言葉で遊ぼう／こまを楽しむ／［じょうほう］全体と中心

| 本時の目標 | ・段落の役割について理解することができる。 | 本時の評価 | ・段落の役割について理解している。 |
|---|---|---|---|

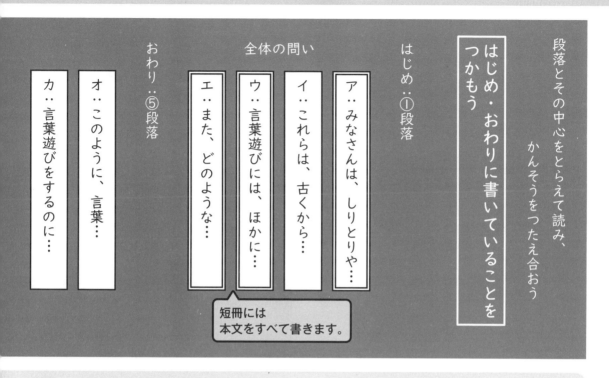

段落とその中心をとらえて読み、かんそうをつたえ合おう

**はじめ・おわりに書いていることをつかもう**

はじめ‥①段落

ア‥みなさんは、しりとりや…
イ‥これらは、古くから…
ウ‥言葉遊びには、ほかに…
エ‥また、どのような…

全体の問い

おわり‥⑤段落

オ‥このように、言葉…
カ‥言葉遊びをするのに…

短冊には本文をすべて書きます。

▶ ❸ 終わりに書かれていることを読む

おわり‥⑤段落

オ‥このように、言葉…
カ‥言葉遊びをするのに…
キ‥ふだん使っている…
ク‥人々は、昔から…
オ‥あなたも、言葉遊び…

▶ ❹ 今日の学習の振り返りをする

「はじめでは」「おわりでは」という言葉を使って、「今日の学習の振り返りを書きましょう。

　⑤段落に着目させ、5文のうち、「①段落の『ウ：言葉遊びには、ほかに…』『エ：また、どのような…』に対する全体の問いの答えはオでしょうか」と投げかける。すると、「そうだ」と答える児童が多い中、「はっきりとは書いていない」という声も挙がるだろう。その意見を認め、「オは、『いろいろあり』とまとめていますね」と説明する。その時、「このように」というのがまとめを述べる時に使う言葉だと教える。

　最後に、振り返りをさせる。「はじめでは」「おわりでは」という言葉を使おうと投げかける。必要なら、「全体の問い」「まとめ」という言葉も使うとヒントを出す。指示した言葉を用いているものを GOOD モデルとして紹介する。「段落は文章を組み立てているまとまりで、全体の問いやまとめの役わりをしているものもある。」という一文を子どもの発言を生かしながら完成させて授業を終える。

第2時　95

# 〈れんしゅう〉言葉で遊ぼう

3／8時間

準備物：②・③段落を書いたプリント，黒板掲示用資料

● 段落の述べ方の共通点に着目させる

　この時間のポイントは，「中」の段落は文の並びが同じようになっていることに気付かせ，それが読み手に分かりやすくするための工夫だと気付かせることです。そのために，②，③段落と④段落を分けて提示し，後で並び替えをするのです。

● 特別な支援を要する子への配慮

　「中」を読む時，漠然と「どの文に書いている？」と問うのではなく，「②段落の1文目と同じことは③段落ではどの文？」と問うことではっきりと答えることができるようにします。

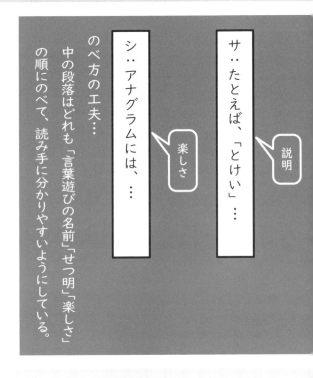

❶ 学習範囲とめあてを知る

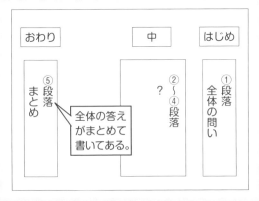

　前時の学習について児童に発言させ，上図を掲示する。それから，「⑤段落にはまとめが書かれていて，①段落の問いに対するはっきりとした答えは書いていない」という話を想起させる。そのうえで，「じゃあ，問いの答えはどこにあるのだろう？」と問いかける。すると，「『中』（②～④段落）に書いているはずだ」という声が出てくるのではないか。その発言を取り上げ，②，③段落を書いたプリントを配り音読させていく。

❷ 問いの答えの段落を探す

　②段落の1文目に線を引く。「③段落にも線を引くことがでますか？」と尋ねる。すると，「③段落の1文目」という意見が出る。②段落は「しゃれ」，③段落は「回文」について書かれていることを読み取る。次に，「どのような楽しさ」について問う。②段落，③段落の「楽しさがある」という言葉を見付け，残りが「説明」だと読む。②，③段落は「言葉遊び」⇒「説明」⇒「楽しさ」という順で書かれていることを確認していく。

| 本時の目標 | ・段落相互の関係に着目しながら、考えとそれを支える理由や事例との関係などについて、叙述をもとにとらえることができる。 | 本時の評価 | ・段落相互の関係に着目しながら、考えとそれを支える理由や事例との関係などについて、叙述をもとにとらえている。 |
|---|---|---|---|

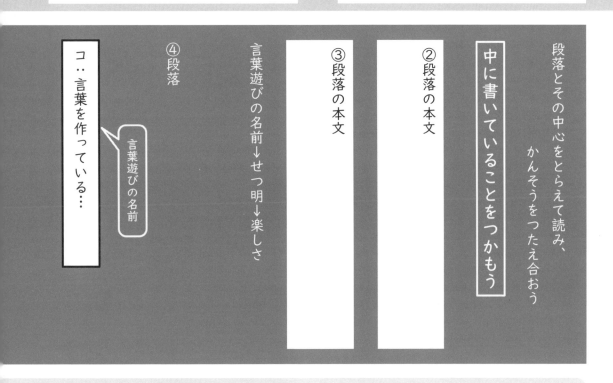

❸ 「中」の段落の述べ方を読む

❹ 今日の学習の振り返りをする

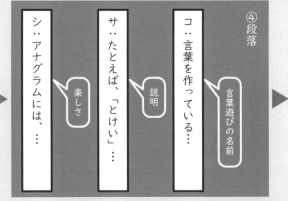

②、③段落を読んだ後、「④段落をバラバラにしたけれど正しく並べることができますか？」と投げかける。すると、「最初に、言葉遊びの名前が来るはず」「楽しみは後だよ」「説明は２番目かな」といったつぶやきが聞かれる。子どもの声をもとに、黒板に短冊を並べる。正しく並べたことを認め、「中」の三つの段落は同じような順で述べていることが、読み手に分かりやすくするための工夫だということを伝える。

最後に、振り返りをさせる。「中では」「問いの答え」という言葉を使い、「振り返りを書きましょう」と投げかける。書き出しに困っている場合は、「中では、問いの答えが書かれている。…」という書き出しを示す。そして、指示した言葉を用いているものをGOODモデルとして紹介する。その後、「のべ方の工夫」という一文を子どもの発言を生かしながら完成させて、授業を終える。

# こまを楽しむ

準備物：黒板掲示用資料

●段落番号の書かせ方

　説明文に出会った時は，まず段落番号をふるのですが，この時，1字下げのところにすぐ番号を書かせるのではなく，○をつけることを薦めます。そうして○がいくつあったかを確認させて，○の中に段落番号を書かせるのです。この習慣が身に付くと，誤って段落の字下げを見落としても，番号を書き直すことがなくなります。

●特別な支援を要する子への配慮

　単元の全体図を掲示して，書き込むことで理解しやすくします。ページをめくっていくと分からなくなる児童への配慮として一目で単元の全体が見られるようにしましょう。

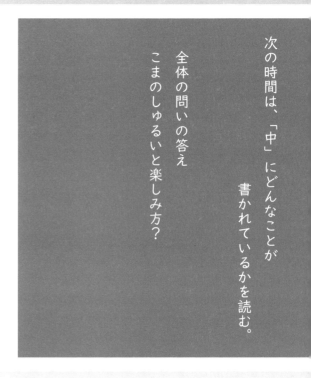

次の時間は、「中」にどんなことが書かれているかを読む。
全体の問いの答え
こまのしゅるいと楽しみ方？

### ❶「こまを楽しむ」を読む

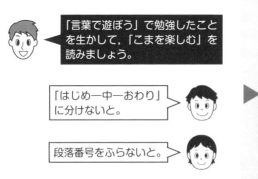

　「『言葉で遊ぼう』で勉強したことを生かして，『こまを楽しむ』を読みましょう」と問いかける。児童から「だったら，『はじめ―中―おわり』に分けないと」「段落番号をふらないと」という意見が出る。「前の時間のことを覚えていますね」とほめて，段落番号をふる。範読し，児童に音読させ，⑧段落まであることを確認する。「こまがいくつ出てきたかな？」と問い，六つのこまが出てくることも合わせて確認しておく。

### ❷教材文の流れをつかむ

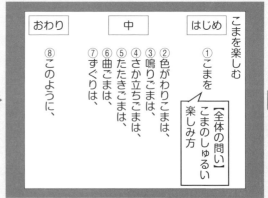

　全体が見渡せるよう，各段落の出だしの文章を書いた図を掲示する。①段落が「はじめ」，②〜⑦段落が「中」，⑧段落が「おわり」になっていることを確認させる。

| 本時の目標 | ・段落相互の関係に着目しながら、考えとそれを支える理由や事例との関係などについて、叙述をもとにとらえることができる。 | 本時の評価 | ・段落相互の関係に着目しながら、考えとそれを支える理由や事例との関係などについて、叙述をもとにとらえている。 |

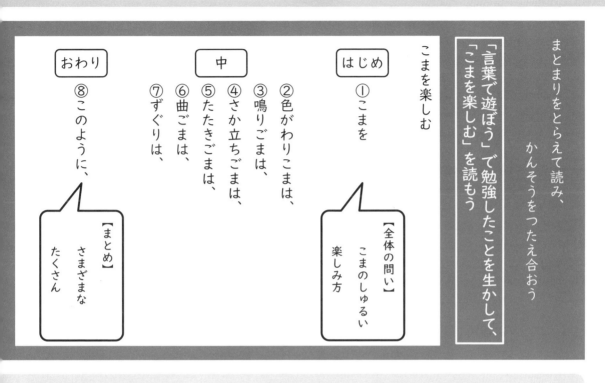

❸ 書かれている内容をつかむ

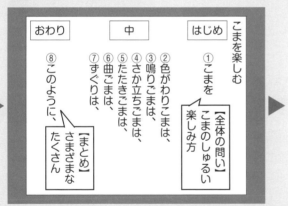

⑧段落に着目させる。「『このように』という言葉が出るから、まとめだ」という児童の声を受けて、まとめの証拠となる言葉を探させる。すると、「さまざまなしゅるい」や「さまざまな楽しみ方…」といった、「さまざま」「たくさん」という言葉を見付けるのではないか。これを証拠として、「こまを楽しむ」では、①段落は「はじめ」で「全体の問い」、⑧は「まとめ」が書かれていることをとらえていく。

❹ 今日の学習の振り返りをする

 「はじめでは」「おわりでは」という言葉を使って、「今日の学習の振り返りを書きましょう。

書き出しに困っている場合は、「全体の問い」「まとめ」という言葉も使うとよいですよ。

振り返りをさせる。「はじめでは」「おわりでは」という言葉を使って、「振り返りを書きましょう」と投げかける。書き出しに困っている場合は、「全体の問い」「まとめ」という言葉も使うとよいというヒントを出す。そして、指示した言葉とともに、「はじめ」「おわり」という言葉を用いている児童の振り返りをGOODモデルとして紹介する。そして、次時は「中」に何が書かれているかを読むことを伝えて授業を終える。

# こまを楽しむ

5／8時間　準備物：黒板掲示用資料

●支援を要する子には①答え方を教師が示す

「こまの楽しみ方を見付けて」という問いだけでは答えられない児童もいることが予想されます。最初から完全に答えを求めるのではなく，まず教師が示し，次にできる児童に答えさせ，徐々に，児童に任せるようにするのです。

●支援を要する子には②書き出しやつなぎ言葉を示す

自分ならどんなこまを作りたいか考え，形や楽しみ方を書かせる時は，「ぼく（私）は，〜なこまを作りたいです。形は○○で，〜なことを楽しみたいです」といった書き出しやつなぎ言葉を示して，全員が書くことができるように配慮します。

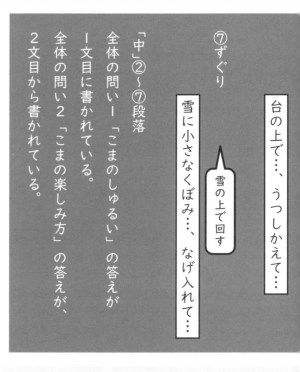

「中」②〜⑦段落
全体の問い1「こまのしゅるい」の答えが1文目に書かれている。
全体の問い2「こまの楽しみ方」の答えが，2文目から書かれている。

⑦ずぐり
　雪に小さなくぼみ…、なげ入れて…
　　雪の上で回す

台の上で…、うつしかえて…

❶学習範囲とめあてを知る

「こまを楽しむ」の全体の問いが「こまのしゅるい」と「楽しみ方」でじたね。今日は，「こまを楽しむ」の全体の問いの答えを見付けましょう。

六つのこまが出てきましたね。どのこまが，どの段落に出てきましたか？

「こまを楽しむ」の全体の問いが「こまのしゅるい」と「楽しみ方」だと確認した後，「『こまを楽しむ』の全体の問いの答えを見付けましょう」と投げかける。そうして，前時で取り上げなかった②〜⑦段落に着目させていく。そのうえで，②〜⑦段落を音読させていく。前時で，六つのこまが出てきたことを思い出させながら，どのこまが，どの段落に出てきたかを問うていく。そして，こまの名前を箇条書きで板書する。

❷1文目に書かれていることを読む

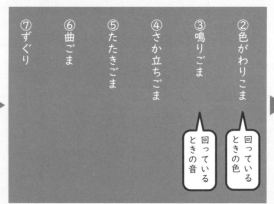

②〜⑦段落に六つのこまが出てくることを上記のように整理する。そして，②と③段落を取り上げる。②段落の1文目「色がわりごまは…」に線を引く。そして，「1文目に線を引いたけれど，③段落は何文目に線を引くことができるかな」と尋ねる。そうして，どちらも1文目に「こまのしゅるい」が書かれていることを確認する。さらに子どもの発言から2文目は「何を楽しむか」が書かれていることを読み取らせる。

| 本時の目標 | ・段落相互の関係に着目しながら，考えとそれを支える理由や事例との関係などについて，叙述をもとにとらえることができる。 | 本時の評価 | ・段落相互の関係に着目しながら，考えとそれを支える理由や事例との関係などについて，叙述をもとにとらえている。 |
|---|---|---|---|

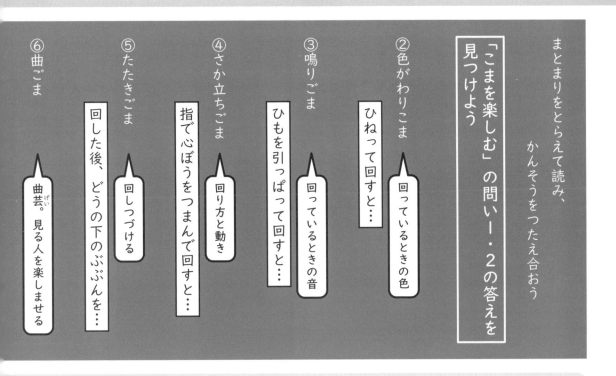

### ❸ 「中」の内容を読み取る

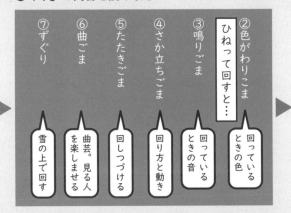

④～⑦段落の「こまのしゅるい・何を楽しむか」を，上記のように，ふきだしに書く。全体の問い1「こまのしゅるい」の答えが，各段落の1文目に出てきていることを読み取る。そして2文目以降に着目させ，全体の問い2「こまの楽しみ方」が，2文目以降に書かれているかを問う。この時，2文目以降で動作化できる文を探させ，それが「楽しみ方」だと確認して，板書していく。

### ❹ 今日の学習の振り返りをする

全体の問い1「こまのしゅるい」，問い2「楽しみ方」という言葉を使って，振り返りを書きましょう。

書き出しに困っている場合は，「1文目」「2文目から」という言葉も使うとよいですよ。

振り返りをさせる。「全体の問い1『こまのしゅるい』，問い2『楽しみ方』という言葉を使って，振り返りを書きましょう」と投げかける。書き出しに困っている場合は，「1文目」「2文目から」という言葉も使うとよいというヒントを出す。そして，指示した言葉とともに，「1文目」「2文目から」という言葉を用いている児童の振り返りをGOODモデルとして紹介する。そして，次時は「おわり」を読むことを伝える。

第5時 101

# 6/8時間 こまを楽しむ

準備物：黒板掲示用資料

● 支援を要する子には①カードを分類する活動を

　問い1「こまのしゅるい」，問い2「こまの楽しみ方」と六つのこまの名前，六つの楽しみ方のカードを分類する活動を行います。そうすることで，前時までの学習を視覚的にとらえ，振り返りをすることにつながります。

● 支援を要する子には②問いと答えを視覚的に

　⑧段落の「おわり」の段落を提示します。「こまのしゅるい」：点線，「こまの楽しみ方」：実線を引かせると，「はじめ」で示された問い1・2が，「おわり」の⑧段落でまとめられ，答えが書かれていることを視覚的にとらえることができるようになります。

```
全体の問い1
「こまのしゅるい」…さまざまなしゅるいのこま
全体の問い2
「こまの楽しみ方」…つくりにくふうをくわえ，
回る様子や回し方で　さまざまな楽しみ方
「おわり」⑧段落
　②～⑦段落の答えをまとめている

⑧段落の全文
```

## ❶ 学習範囲とめあてを知る

「こまを楽しむ」で，「おわり」⑧段落の役割を見付けましょう。まず⑧段落を音読しましょう。

⑧段落はまとめが書かれているか確かめていきましょう。問いの答えの種類・楽しみ方のカードを並べることができますか。

　「こまを楽しむ」で，「おわり」⑧段落はどんな役割なのかを見付けるという本時のめあてを示す。そして，⑧段落を掲示して音読させる。この時，「このように」という言葉に着目して「まとめが書いている」という反応があがる。その答えを認めながら，「本当にまとめが書かれているか確かめていきましょう」と呼びかける。そして，前時までの問いの答えである②～⑦の種類・楽しみ方のカードを提示する。

## ❷ 「中」の言葉を分類する

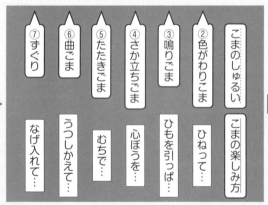

　「しゅるい」「楽しみ方」というように点線，実線をカードに引いておく。そして②～⑦段落の六つのこまのカード（6枚×2種類）を提示し，分類させる。上記では段落番号を書いているが，児童の実態に応じて段落番号は外してもよい。正しく並べることができてから，改めて②～⑦段落に，「こまのしゅるい」と「楽しみ方」が書かれていたことを確認する。そのうえで，「⑧段落はどんな役割がありますか？」と問う。

| 本時の目標 | ・全体と中心など情報と情報との関係について理解することができる。 | 本時の評価 | ・全体と中心など情報と情報との関係について理解している。 |

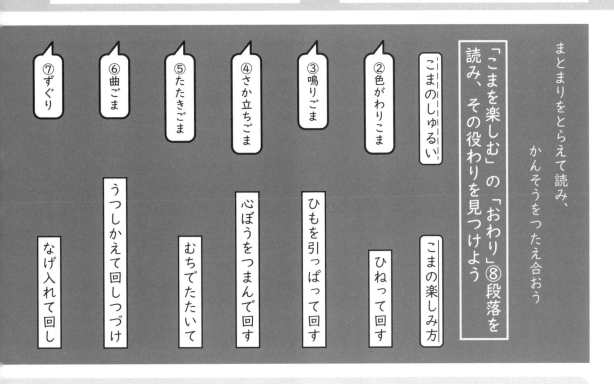

❸ 「おわり」の内容を読み取る

⑧ このように、さまざまな
さまざまな生み出してきたのです。

▶ ⑧段落に、「『こまの種類』を書いているところには点線、『楽しみ方』を書いているところには実線を引きましょう」と指示する。そして、1文目「このように…あります。」に点線、2文目以降に実線を引くことを児童と確認していく。この時、どちらにも「さまざまな」という言葉があるという意見が出される。それを取り上げて、「さまざまな」が「これまでのこま」をまとめた言葉であることを押さえるようにする。

❹ 振り返りと次時の予告をする

「まとめ」「さまざまな」という言葉を使って、振り返りを書きましょう。

振り返りが早くすんだ人は、紹介したいこま遊びとその理由をノートに書いてもよいです。

振り返りをさせる。「まとめ」「さまざまな」という言葉を使って、「振り返りを書こう」と投げかける。書き出しに困っている場合は、「⑧段落の役わりは」という書き出しで書くというヒントを出す。そして、次時では、六つのこまのうち一つ選んで友達に紹介する活動をいよいよ行うことを伝える。振り返りを早く仕上げた児童には、紹介したいこま遊びと理由をノートに書いてもよいことを伝えておく。

# 7/8時間 こまを楽しむ

準備物：黒板掲示用資料

●支援を要する子には①活動の手がかりを

　この時間は、「自分の遊びたいこまについて説明できそうだ」という思いを児童にもたせるように努めます。そのために、前時までで学習してきた、説明の仕方を振り返らせることや、教科書にある「かんそうをつたえ合うときのれい」を活用するようにして、児童が活動の見通しをもつことができるようにします。

●支援を要する子には②文の構成を視覚的に

　教科書p.57「かんそうをつたえ合うときのれい」を掲示する場合、「こまのしゅるい」「楽しみ方」「えらんだ理由」の構成で書くとよいことを視覚的に示すことで、友達に説明する見通しをもつことができるようにします。

（遊んでみたいこまについてのＡ君のノートから）

　ぼくは、たたきごまで遊んでみたいです。このこまは、どうの下のぶぶんをむちでたたいてかいてんをくわえて回します。読んだとき、むちでたたくと、回るのがじやまされて止まるのではないかと思いました。だから、本当に回せるのかやってみたいと思いました。

## ❶ 学習の流れを知る

今日、自分で遊びたいこまについて決め、班のみんなに伝える活動をします。

「遊びたいこまを選ぶ→ノートに理由付きで自分の考えを書く→班で発表する→発表を聞いて気付いたこと（自分と似ていること、違うこと）を書く」という流れで行います。

　児童に「今日、自分で遊びたいこまについて決め、班のみんなに伝える活動をします」と伝え、「遊びたいこまを選ぶ→ノートに理由付きで自分の考えを書く→班で発表する→発表を聞いて気付いたこと（自分と似ていること、違うこと）を書く」という学習の流れを伝える。そして、「こまを楽しむ」の「中」（②～⑦段落）をもう一度読ませ、どのこまで遊びたいのかという自分の考えをもてるようにする。

## ❷ 例から、伝えるイメージをもつ

かんそうをつたえ合うときのれい

【こまのしゅるい】
ぼくは、色がわりごまで…

【こまの楽しみ方】
このこまは、回って…

【このこまをえらんだ理由】
回すはやさで、どういう…

　教科書p.57の下段、「かんそうをつたえ合うときのれい」の3文を上記のように分けて提示する。その横の【】の言葉を問う。前時までに学習を思い出した児童からは「こまのしゅるい」「楽しみ方」という言葉が出される。3文目は文末から「思ったこと」という意見が出る。それを認めながら「えらんだ○○」と示し、理由と言わせていく。そうして、この3文でノートに書かせていく。

104　〈れんしゅう〉言葉で遊ぼう／こまを楽しむ／［じょうほう］全体と中心

| 本時の目標 | ・全体と中心など情報と情報との関係について理解することができる。 | 本時の評価 | ・全体と中心など情報と情報との関係について理解している。 |
|---|---|---|---|

まとまりをとらえて読み、かんそうをつたえ合おう

こまの遊びをえらび、友だちにしょうかいしよう！

かんそうをつたえ合うときのれい

[こまのしゅるい]
ぼくは、色がわりごまで…

[こまの楽しみ方]
このこまは、回って…

[このこまをえらんだ理由]
回すはやさで、どういう…

❸グループで発表し合う

発表の時は、ノートばかり見るのではなく、聞き手のほう見るとよいですね。そのために、聞く時は、「なるほど」や頷くなど、反応を返すとよいですね。

○班は相手の顔を見て話をしていますね。△班の聞き手が上手ですね。

　紹介する文が書けたことを確認し、班での活動をはじめるように指示する。班机にして、互いに向かい合うようにする。その時、話し手は、聞き手のほうを見るように伝える。また、聞き手は、「なるほど」といった言葉や頷くなどの反応を返すことを薦める。机間指導をして、「○班は相手の顔を見て話をしていますね」「△班の聞き手が上手ですね」と評価し、学級全体によい話し合いの姿が広まるようにする。

❹振り返りをする

発表を聞いて気付いたことを書きましょう。その時、自分の意見と似ている人や違う人の名前、そして、どんなところが違うかも書くとよいですね。

○○君の振り返りを見に行ってみてください。
班で2分読み合う時間を取ります。

　伝え合った後、発表を聞いて気付いたことを書かせ、今日の振り返りをさせる。その際、自分と似ていること、違うことを書くように指示するとともに、振り返りに班の友達の名前を書くように助言する。そして、書き終えた班から、ノートを読み合うようにさせる。なお、振り返りを書くことに困っている場合は、先に書き始めた友達の作品を、読みに行かせることや、班で交流する場をもつなどの支援をする。

第7時　105

# 8/8時間 ［じょうほう］全体と中心

準備物：黒板掲示用資料

● **単元の振り返りをさせる方法を提示**

この時間のポイントは，単元の学習の振り返りをすることです。そのために，用語について空白部分を作って提示したり，第1時で用いた単元の流れの図をもう一度見せたりして，振り返りができる方法を明示することが重要です。

● **活用へ向かう工夫**

教科書 p.58には「いかそう」があり，知識や科学の本を読むときに段落の中心を確かめて読むことが薦められています。また，p.59の「じょうほう　全体と中心」では，全体と中心の説明と練習問題があります。こうしたページを使うことで，単元で学んだことを使える力とすることができるのです。

【「まとまりをとらえて読み、かんそうを話そう」単元の学習の流れ】

(2)「こまを楽しむ」せつ明文の書き方を知る。
← せつ明文の書き方を使う。
(3)「自分で楽しみたいこまの遊びを友だちにしょうかいする」

❶ **単元で学んだことを交流する**

友達の名前が書かれていること，自分と同じこと，違うことが書かれているノートを全体に紹介してみてください。

この単元の学習で，友達に説明する文章を作ることができましたね。

前時に書いた振り返りを班で読み合う。「友達の名前が書かれていること，自分と同じこと，違うことが書かれているノートを全体に紹介してみてください」と問う。文章を書くことができたこと，同じことや違うことが書けたことを評価する。特に，他の人に自分の考えが伝わったということを評価し，「この単元の学習で，友達に説明する文章を作ることができた」のだと話す。

❷ **教科書 p.58「たいせつ」を理解する**

● 段落とその中心をとらえる文章は、「はじめ」「　」「　」などの大きなまとまりに分けられる。大きなまとまりは、一つ、またはいくつかの段落でできている。
● 一つの段落には、それぞれ、ひとまとまりのないようが書かれている。
● 「問い」と「　」に気をつけると、文章全体の組み立てや、段落の　をとらえることができる。

この単元で学習したことをp.58の「たいせつ」を使って振り返る。その時，上のように空白を設けて提示する。一度，音読をさせてから，「教科書を見ないで抜けているところに言葉を入れることができますか？」と問う。「分からない」という児童には，「30秒だけ教科書を見ていいですよ」と声をかける。そして，完成させてからもう一度音読させて，段落やまとまりの意味をつかむことができるようにする。

106　〈れんしゅう〉言葉で遊ぼう／こまを楽しむ／［じょうほう］全体と中心

| 本時の目標 | 本時の評価 |
|---|---|
| ・進んで段落相互の関係に着目しながら内容をとらえ、学習課題に沿って、読んで考えたことを伝え合おうとする。 | ・進んで段落相互の関係に着目しながら内容をとらえ、学習課題に沿って、読んで考えたことを伝え合おうとしている。 |

まとまりをとらえて読み、かんそうをつたえ合おう

**学習をふりかえろう！**

段落とその中心をとらえる

● 文章は、「はじめ」「中」「——」などの大きなまとまりに分けられる。大きなまとまりは、一つ、またはいくつかの段落でできている。

● 一つの段落には、それぞれ、ひとまとまりのないようが書かれている。

● 「問い」と「　　」に気をつけると、文章全体の組み立てや、段落の──をとらえることができる。

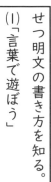

(1)「言葉で遊ぼう」
せつ明文の書き方を知る。

---

## ❸「じょうほう」の練習問題を解く

教科書 p.59 の「じょうほう」を読ませ、「全体と中心」について「もうすでにとらえることができています」と伝え、「言いかえてみてください」と問う。そして、「全体が『はじめ―中―おわり』」「中心が、問いの答え」であるを答えることができたことを認め、そのうえで「じょうほう」下段の練習問題を解かせていく。問いの答えを見付けるというヒントを出させながら、「あいさつ」という答えを見付けることができるようにする。

## ❹単元の活動を振り返る

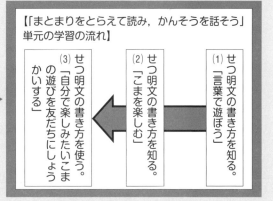

第1時に提示した単元の流れを書いた図をもとに、「『まとまりをとらえて読み、かんそうを話そう』の学習でどんなことをしてきたか話しましょう」と投げかける。「言葉で遊ぼう」と「こまを楽しむ」を読み説明文の書き方を知ったこと、自分で楽しみたいこまの遊びを友達に紹介したことなどを発表させていく。そうして、発表したことがこの単元を通して、できるようになったこと、分かったことだと認めていく。

第8時 107

# 気もちをこめて「来てください」

**6時間**

## ① 単元目標・評価

・案内の手紙を書く時に適切な言葉を使うことができる。(知識及び技能(1)キ)

・相手や目的を意識して，構成に気をつけながら案内の手紙を書くことができる。(思考力，判断力，表現力等 B(1)イ・エ)

・言葉がもつよさに気付くとともに，幅広く読書をし，国語を大切にして，思いや考えを伝え合おうとする。(学びに向かう力，人間性等)

| 知識・技能 | 案内の手紙を書く時に適切な言葉を使っている。((1)キ) |
|---|---|
| 思考・判断・表現 | 「書くこと」において，相手や目的を意識して，構成に気をつけながら案内の手紙を書いている。(B(1)イ・エ) |
| 主体的に学習に取り組む態度 | 大事なことを考えて，手紙を書こうとしている。 |

## ② 単元のポイント

### 教材の特徴

　子どもたちにとって，あまり馴染みのないかしこまった文体を扱っていく。友達との手紙のやり取りとは違う，丁寧な言葉遣いに慣れさせていきたい。また，敬体と常体の伝わり方の違いや，場面に応じた言葉の使い方にも目を向けられるようにしていくことのできる教材である。

### 身に付けたい資質・能力

　本単元のゴールは，案内文を書き上げることである。自分の力で書き上げたという達成感を子どもたちに味わってほしい。しかし，案内文を書き上げることに終始してはならない。案内文を書くことを通して，相手や目的に合わせた内容とは何か，適切な言葉使いはどのようなものか，じっくり子どもたちに考えさせることが大事である。そうすることで，子どもたち自身が，別の場面でも，自ら考え，その場面に合った文章を書く力を付けていくことにつながっていくのである。

## 3 学習指導計画（全6時間）

| 次 | 時 | 目標 | 学習活動 |
|---|---|---|---|
| 一 | 1 | ・案内の手紙を送る相手に何を伝えるべきかを理解することができる。 | ○二つの案内文を比べることを通して，手紙に書く必要のある内容を考える。<br>・二つの案内文を読む。<br>・何を書いたらよいのかを考える。 |
| 二 | 2 | ・案内の手紙の書き方を理解することができる。 | ○教科書の例文を見て，組み立てを確かめ，案内文を書く。<br>・教科書の例文を読む。<br>・どのような内容が書かれているのか確かめる。<br>・どのような順序で書いているのかを確かめる。<br>・敬体と常体の違いを考える。 |
| | 3 | ・案内の手紙に書くことをメモに整理することができる。 | ○案内の手紙に書く内容をメモに書く。<br>・案内の手紙を送る相手を決める。<br>・伝えることをメモに整理する。 |
| | 4 | ・メモをもとに，案内の手紙を書くことができる。 | ○メモをもとに，案内の手紙を書く。<br>・書き終わったら，誤りがないか確かめる。 |
| 三 | 5 | ・書いた案内の手紙を，友達と読み合い，感想を伝え合うことができる。<br>・案内の手紙を清書することができる。 | ○書いた案内の手紙を読み合う。<br>・グループで案内の手紙を読み合い，感想を伝え合う。<br>○清書をする。 |
| | 6 | ・宛名の書き方を知り，正しく書くことができる。<br>・単元の学びを振り返り，今後の生活に生かそうとする。 | ○宛名の書き方を知る。<br>・教科書 p.137ページを見ながら，宛名の書き方を知る。<br>○清書をする。<br>○単元の学びを振り返る。<br>・振り返ったことを交流する。 |

### 手紙を書く機会は計画的に

　案内の手紙を出す機会が，この単元の学習の時にぴったりとあるわけではありません。年度のはじめに，行事とかかわらせて，国語の学習計画を立てておきましょう。そもそも，手紙を書く機会がないということもあります。そんな時は，ゲストティーチャーが来校したときに，案内の手紙ではなく，感謝の手紙として送るということもできます。

単元について　109

# 気もちをこめて「来てください」

1/6時間　準備物：黒板掲示用資料

● 手紙とメール

　手紙を出す頻度が低くなり，メールのほうがよく使うツールになっています。もしも子どもからメールの話題が出たら，手紙とメールの違いを比べていくのも面白い活動です。手紙の，手書きだからこその温もりや，文字に込められた思いなども感じさせたいものです。

● 板書に根拠を残す

　❸の活動で，子どもたちは意見をたくさん言います。黒板には，その根拠やどこのことを言っているのかなどを残していきたいです。話についてくることのできない子どももいます。その子たちのためにも，今話題になっているのはどこのことなのか，言葉に印をつけてあげるだけでも支援になっていきます。

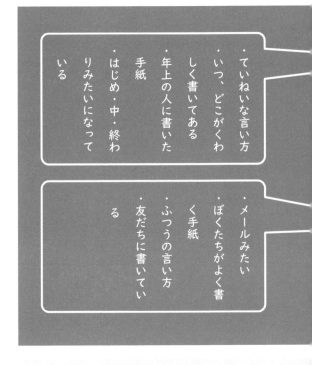

- ていねいな言い方
- いつ、どこがくわしく書いてある
- 年上の人に書いた手紙
- はじめ・中・終わりみたいになっている

- メールみたい
- ぼくたちがよく書く手紙
- ふつうの言い方
- 友だちに書いている

❶ 手紙についての経験を思い出す

手紙を書いたり、もらったりしたことはありますか？

引っ越しした友達に、手紙を書いたよ。

年賀状をもらうと、うれしい気持ちになります。

　手紙を書いたりもらったりした経験について話し合う。おじいちゃんやおばあちゃん，友達など，普段は会えない人とのやり取りについて話す子どももいれば，年賀状など，季節のあいさつの手紙について話す子どももいる。メールでやり取りする子も多いが，メールも手紙の仲間だということを押さえ，メールでのやり取りの経験も出させる。

❷ 手紙を比較し気付きをノートに書く

この二つの手紙を比べて、気付いたことをノートに書きましょう。

両方手紙なのに、違うものに見えるね。

　この単元で書こうとしている手紙は，子どもたちが親しんでいる手紙とは違い，案内の手紙である。案内の手紙には，馴染みのない書き方，表現がある。二つの手紙を比べることで，その特徴を明らかにしていく。

| 本時の目標 | ・案内を送る相手に何を伝えるべきかを理解することができる。 | 本時の評価 | ・案内を送る相手に何を伝えるべきかを理解している。 |

## 気もちをこめて「来てください」

二つの手紙を比べて、気づいたことをつたえ合おう

〈Aの手紙〉

＊p.62の「森川さんの手紙」

〈Bの手紙〉

　たかしくんへ
　たかしくん、元気？ぼくは元気だよ。たかしくんが引っこしてから一ヶ月がたったね。たかしくんがいなくなって、さみしいよ。夏休みに大阪に遊びに行くから、いっしょに遊園地に行こうね。楽しみにしているよ。
　　　　　　　ひろしより

### ❸ 気付いたことを発表し合う

Aの手紙は、招待状みたいなものだね。書き方が丁寧な感じがするね。

Bは子どもが書いた手紙で、Aは大人が書いた手紙みたいです。

　ノートに書いたことを発表していく。以下の4点に着目しながら話し合いを進めていきたい。
・何のための手紙
・書かれている内容
・文末表現
・構成

### ❹ 何の案内の手紙を書くかを決める

これから、私たちもこのような案内の手紙を書いていきます。

私たちも、もうすぐ運動会があるから、運動会の案内の手紙を書けるね。

　その時の行事に合わせて、案内の手紙を書くようにしていく。運動会や音楽会などの行事、参観授業などが考えられる。

#  気もちをこめて「来てください」

準備物：黒板掲示用資料

● 季節のあいさつ

　手紙には，独特の季節のあいさつの表現が出てきます。使うかどうかは別にして，紹介くらいはしてもよいでしょう。「学校からのお手紙にも書いてあるよ。」などと，手紙のあいさつ文に目を向ける声かけもしていきたいです。

● 敬体と常体

　3年生であっても，国語の難しいと思われる用語も知識として教えていきます。ただ，そのまま使うことはできないかもしれないので，簡単な言葉で表してあげるとよいでしょう。敬体は，「です・ます調」，常体は「だ・である調」などを，分かりやすくしてあげます。また，子どもたちと一緒に分かりやすい言葉を考えて学級の用語にしていってもよいです。むしろ，その方が喜んでその用語を使うようになっていきます。

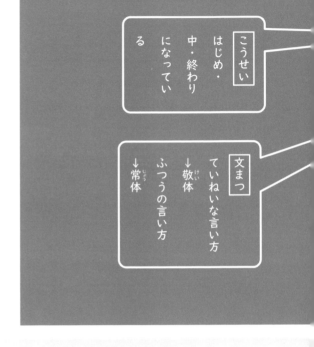

こうせい
はじめ・中・終わりになっている

文まつ
ていねいな言い方　→敬体
ふつうの言い方　→常体

❶ 前時の振り返りをする

案内の手紙の書き方を学んでいきましょう。

　「運動会の案内の手紙を書くことにしましたね。今日は，その手紙の書き方を学んでいきます。」と，本時の課題を提示する。

❷ 教科書の例文を読み，内容を読み取る

森川さんの手紙には，どんなことが書かれていますか？

どんな運動会なのか，詳しく書かれているね。

　「はじめにあいさつがあるよ。」「緑がきれいな季節って，いつのことかな？」「夏じゃないかな？」「手紙を書くのが冬だったら，このあいさつは変わるの？」などと，やりとりをしながら，書かれている内容を読んでいく。

| 本時の目標 | ・案内の手紙の書き方を理解することができる。 | 本時の評価 | ・案内の手紙の書き方を理解している。 |
|---|---|---|---|

# 気もちをこめて「来てください」

## 運動会のあんないの手紙の書き方を知ろう

○森川さんの手紙をお手本にしよう

はじめのあいさつ

つたえることの中心
・何があるか
・日時
・場所
・自分がすること
・気もち

書いた日
自分の名前
相手の名前

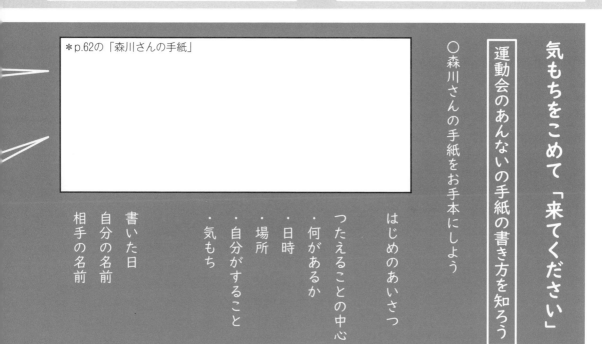

*p.62の「森川さんの手紙」

❸教科書の例文を読み，構成を読み取る

はじめ・中・終わりに分けるとしたらどのように分けますか？

あいさつははじめで，運動会の具体的なことは中かな。

「手紙がはじめ・中・終わりみたいになっている。」という意見が出たら，「どういうこと？」と問い返し，広げていく。構成に着目することがなかったら，「はじめ・中・終わりに分けるとしたら？」と，教師から提示する。前時にそういった気付きがあれば，「前の時間に〜って言っていた人がいましたね？」と，そこから広げていくこともできる。

❹敬体と常体の違いを考える

文末は「〜です。」と丁寧な言い方になっています。普通の言い方をしてはだめですか？

年上の人に書いているから，丁寧な言い方にしないと失礼な気がします。

「ぜひ来てください」という手紙だから，丁寧な言い方に気持ちを込めているのだと思います。

敬体と常体の伝わり方の違いや，場面による使い分けが意識できるようにしていく。公の文章や手紙，お願いの文章などは，普通丁寧な言い方をするということを押さえたい。

#  気もちをこめて「来てください」

**3 / 6時間**
準備物：ワークシート（教科書 p.61「森川さんのメモ」と同じものを作成）(p.228)

## ●ワークシートをうまく使おう

　ここでは，教科書と同じ形式のワークシートを使うようにします。教科書と同じ形式を使うメリットは，教科書に書き方のお手本が載っているので，書き込みやすいということです。また，書く時間も短縮できます。子どもたちの実態に合わせてアレンジしてもよいでしょう。

　このように，ワークシートは便利ですが，いつでもワークシートを使えばよいわけではありません。ワークシートに慣れてしまうと，自分で枠を作るという習慣がなくなってしまいます。時間はかかりますが，ノートに線を引いて，表を自分で作ることも大事な学習です。

　ワークシートとノート，それぞれのメリット・デメリットを教師が理解し，子どもたちの様子や，単元計画などと検討しながら，どちらを使うのかを判断できるようにしていきましょう。

### ❶前時の振り返りをする

案内の手紙には何を書いたらよいか思い出してみましょう。

　前時は，教科書のお手本の文章を参考に，何を書くべきか考えた。本時は，その内容を自分たちの運動会に合ったものに考えていく。

### ❷案内の手紙に書く内容を考える

案内の手紙に何を書くか考えていきましょう。

手紙をもらう人は，どんなことを知りたいのかを想像して，考えていかなければならないね。

　教科書 p.61 にあるメモの枠を使って考えていく。ワークシートを用意すると，書きやすい。共通している部分（場所・日時など）については，全員で確認して書いていく。

　「お手紙を送る相手はどんなことを知りたいかな？」と，相手の立場に立って考えるようにしていく。

| 本時の目標 | ・案内の手紙に書くことをメモに整理することができる。 | 本時の評価 | ・案内の手紙に書くことをメモに整理している。 |
|---|---|---|---|

## 気もちをこめて「来てください」

あんないの手紙に書くことを考えよう

メモ
行事‥運動会
相手‥

| 日時 | ○月○日（ ）午前○時 |
|---|---|
| 場所 | ○○小学校　運動場 |
| 自分がすること | ・八十メートル走<br>・つな引き<br>・ダンス |
| 気もち | どりょくのせいかを見てほしい |

❸あいさつの文を考える

次はあいさつの文を考えてみましょう。

まずはじめは季節のあいさつを書かないとね。

季節のあいさつについては，どんなものがあるのかを本などで調べていってもよい。「元気ですか？」のところについては，他にどんなあいさつがあるのかも考えていきたい。

❹次時の予告を聞く

次の時間は，手紙の下書きをしていきます。

「次回はメモをもとに手紙の形にしていく」ということを伝えて，授業を終える。

第3時　115

# 4/6時間 気もちをこめて「来てください」

準備物：下書きの用紙

● 自分でチェックできるシステム

❶の活動で，手紙を書くにあたって，気をつけることを確認します。その確認リストをそのまま，自分の推敲のポイントにもしていきます。教師が声をかけなくても，自分で黒板に書かれた確認ポイントを見ながら，推敲していけるようにしましょう。

この流れをパターンにしておくと，どんな書く活動にも適応することができ，大変便利です。パターン化していきましょう。

❶本時の課題を把握する

 前回は，案内のお手紙のメモを書きました。今日は手紙を書いていきます。どんなことに気をつけて書いたらよいでしょうか？

 お世話になった先生に送るから，失礼のないようにしたいな。

 私は元気だと伝わるようなお手紙にしたいです。

本時の課題を提示する。手紙を書いていく前に，どんなことに気をつけて書いていけばよいか，全体で確かめておく。
・敬体で書くこと
・誤字・脱字をしないこと
・間違った情報を載せないこと
・気持ちが伝わる文章になっていること

❷案内の手紙を書く

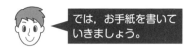 では，お手紙を書いていきましょう。

下書きの用紙を用意し，案内の手紙を書いていく。メモのものを文章にするのは難しい。いつでも教科書 p.62 のお手本を見てもよいことを確かめておく。

| 本時の目標 | ・メモをもとに，案内文の手紙を書くことができる。 | 本時の評価 | ・メモをもとに，案内の手紙を書いている。 |
|---|---|---|---|

## 気もちをこめて「来てください」
### 運動会のあんないの手紙を書こう

○手紙を書くときに気をつけること
・ていねいな言い方で書いていますか？
 →とちゅうからふつうの言い方になってしまう人がいるよ
・文字のまちがいはありませんか？
 →漢字のまちがい、ぬけている文字
・ないようはまちがっていませんか？
 →日時などまちがえていたら大へん！
・あなたの気もちがつたわる文章ですか？
 →いつも相手のことを考えて書きましょう

---

❸手紙を読み，誤りがないか確かめる

間違いがないか、読み直してみましょう。

○○さんのお手紙がとても素敵だったから、お手本にして自分の手紙の内容をもう少し変えてみよう。

❶の活動で確かめたことをもとに，読み直していく。読み直す手順は以下の通りである。
①自分で声を出して読み直す
②友達と読み合う
　おかしなところがあれば，声をかけ合って，よりよいお手紙になるように書き直していく。

❹次時の予告を聞く

次の時間は、いよいよ清書をしていきます。

次時は清書をすることを予告し，授業を終わる。

第4時　117

# 気もちをこめて「来てください」

5/6時間　準備物：手紙を書く便箋もしくははがき

●感想を伝え合う

　だめなところの言い合いにならないよう，ほめ合うという視点を基本にします。手紙なら，もらう人の立場に立って，「こんなところがうれしいよ。」「この言葉が素敵だね。」と声をかけられるようにしたいです。ホメホメタイムなどと名付けて，教室をほめる空気でいっぱいにしましょう。

　交流が終わってからも，「うれしかったほめ言葉」を共有し，ほめるレベルもアップしていくようにしていきます。

●封書かはがきか

　書写の学習にも，手紙を書いたり，宛名を書いたりするという学習があります。書写の学習と合わせて行いたいです。封書で出すのか，はがきで出すのかは，学校の事情に合わせて選ぶようにしていきましょう。

❶本時の課題を把握する

 今日は，手紙を読み合った感想を伝え合います。そのあとで，清書をします。

　本時は，手紙を読み合って感想を伝え合うことと，清書をするという二つの活動がある。

❷書いた手紙を読み合う

 グループに分かれて，手紙を読み合っていきましょう。
手紙をもらった人の気持ちになって，感想を伝えてあげましょう。

　前回は，間違っているところがないか読み合ったが，今回は，手紙をもらう人の立場に立って，感想を伝え合うことを目的とする。基本的には，よいところを伝え合うようにしていくが，もっとこうした方がよいというアドバイスもしてよいことにする。

| 本時の目標 | 本時の評価 |
|---|---|
| ・書いた案内の手紙を，友達と読み合い，感想を伝え合うことができる。<br>・案内の手紙を清書することができる。 | ・書いた案内の手紙を友達と読み合い，感想を伝え合っている。<br>・案内の手紙を清書している。 |

## 気もちをこめて「来てください」

運動会のあんないの手紙を読み合い、感想をつたえ合おう

○もらった人の立場に立って読む
　→うれしいことは？

○友だちに言ってもらってうれしかった言葉
　→この手紙もらったらうれしいね
　→文字がていねいで、気持ちがつたわる
　→きせつの言葉がかっこいいね

（ホメホメたつ人になろう）

❸気付いたことを伝え合う

一生懸命書いた手紙で，気持ちが伝わりそうですね。

運動会に来てもらえるとうれしいな。

　もらった人は，どんな気持ちになるか，もらった人の立場に立って感想を伝える。
　また，言ってもらってうれしかった感想も共有していくようにする。

❹清書する

清書をしていきます。気持ちを込めて書けるとよいですね。

　文字には書いた人の気持ちが表れるということを伝えてから，書かせる。文字に自信がなくてうまく書けないという子どもには，「きれい・上手ではなくていいから，丁寧に書いてごらん」と声をかける。

第5時　119

# 気もちをこめて「来てください」

6／6時間

準備物：封筒もしくははがき，黒板掲示用資料

● 書写の教科書も活用して

　宛名の書き方は，書写の教科書にも載っています。文字をなぞりながら練習もできるので，書写の教科書を活用するのがおすすめです。書写の学習と関連付けながら展開していきましょう。

● 単元の振り返り

　単元の最後には，自分を省みる時間を設けたいです。振り返りにも一工夫しましょう。例えば，「この単元でどんな勉強をしたのか，お家の人に教えてあげましょう。」や「できるようになったこと・知ったことベスト3を書きましょう。」など振り返りの引き出しももっておきましょう。

> 気もちをこめて「来てください」の学習をふり返って
> ・ていねいに気もちをこめて手紙が書けた
> ・正式な手紙の書き方で書けるようになった
> ・あて名の書き方も知った
> ・あんないの手紙を書くときにどんなことを書けばよいのか分かった
> ・ていねいな言い方とふつうの言い方を使い分けることができた
> →ちがう行事でも、あんないの手紙が書けそう！

❶ 宛名の書き方を知る

　宛名を書く前に，どうやって書いたらよいのかを勉強していきましょう。

　教科書 p.137の「あて名の書き方」を拡大コピーする。どこに何が書いているのかを確かめ，気をつけることを知らせていく。国語の教科書を使用してもよいが，書写の教科書の方が指導しやすそうな場合は，書写の教科書の拡大を用意する。

❷ 宛名を書く

　気持ちを込めて書いていきましょうね。

　がんばって丁寧な文字で書こう。

　宛名を書いていく。ここでも，清書のときと同様に，文字を丁寧に書くことを心がけていく。また，宛名は間違えないように書かせていく。

| 本時の目標 | ・宛名の書き方を知り，正しく書くことができる。<br>・単元の学びを振り返り，今後の生活に生かそうとする。 | 本時の評価 | ・宛名の書き方を知り，正しく書いている。<br>・単元の学びを振り返り，今後の生活に生かそうとしている。 |
|---|---|---|---|

## 気もちをこめて「来てください」
### あて名を書き、これまでの学習をふり返ろう

*p.137 「あて名の書き方」

---

❸ 単元の学習を振り返る

この学習で、どんなことができるようになりましたか？

たくさん新しいことを知ったな。

　単元の学習の振り返りをし，自己の成長を見つめられるようにしていく。「今まではできなかったけど，できるようになったこと」を中心に振り返っていきたい。振り返りの時間はたっぷりととり，ノートに書くようにしていく。

❹ 単元の学習の振り返りを交流する

ノートに書いたことを発表してください。

大人みたいな手紙も書けるようになったよ。

宛名の書き方も学んだから，これからは1人で書けるな。

　振り返りを発表し，板書していく。交流していくことで，自分1人では気が付かなかったことを気付かせてくれます。

# 漢字の広場③

**2時間**

## １ 単元目標・評価

・既習の漢字を書き，文や文章の中で使うことができる。（知識及び技能(1)エ）

・よりよい文章表現にするために，友達のよい表現を見付けたり，文章の間違いを見付け直したりすることができる。（思考力，判断力，表現力等 B(1)エ）

・言葉がもつよさに気付くとともに，幅広く読書をし，国語を大切にして，思いや考えを伝え合おうとする。（学びに向かう力，人間性等）

| 知識・技能 | 既習の漢字を書き，文や文章の中で使っている。（(1)エ） |
|---|---|
| 思考・判断・表現 | 「書くこと」において，よりよい文章表現にするために，友達のよい表現を見付けたり，文章の間違いを見付け直したりしている。（B(1)エ） |
| 主体的に学習に取り組む態度 | 既習の漢字を使った文や文章を進んで作ろうとしている。 |

## ２ 単元のポイント

### 身に付けたい資質・能力

　本単元では，時を表す言葉を場面や状況に合わせて適切に用いる力を育てる。その時，できあがった文章が場面や状況に合った表現になっているかどうかを吟味しながら，よりよい表現になるよう見直している姿を評価したい。また，既習の漢字が使われていることにも目が向けられるように，サイドラインを入れるよう指導する。そうすることで，自分なりに工夫して考えた文脈の中で漢字のもつ意味と場面の様子をつなぎながら言葉を生み出していく面白さに触れられるようにしつつ，漢字を使って文章を書くことができる児童の育成を目指したい。

### この単元で知っておきたいこと

　時を表す言葉は，物語や説明的文章，日常生活の中などでもたいへん重要である。物事を理解したり表現したりするときの基盤となる言葉である。例えば，朝昼夜というように並べてみることで順序性が見えてくる。また，夏の午前５時の気温が24度だと分かっていたとしたら，午後５時は30度くらいだろうと，経験と時間の順序を手がかりに事象を予測することも可能になる。このように，時をつなぐことで違った様子を理解したり表現したりできる。

## 3 学習指導計画（全2時間）

| 次 | 時 | 目標 | 学習活動 |
|---|---|---|---|
| 一 | 1・・2 | ・既習の漢字を書き，文や文章の中で使うことができる。<br>・既習の漢字を使った文や文章を進んで作ろうとする。 | ○「時を表す言葉を使って，日曜日の出来事を書こう！」という学習課題を設定する。<br>・漢字の読み方と意味を確認する。<br>・例文を参考にして文や文章を書く。<br>・ペアやグループで書いた文章を読み返す。<br>・感想を述べ合う。<br>・学習を振り返り次時への見通しをもつ。<br>○「時を表す言葉を使って今週の予定を書こう！」という学習課題を確認する。<br>・文や文章を書く。<br>・ペアやグループで書いた文章を読み返す。<br>・感想を述べ合う。<br>・学習を振り返り次時への見通しをもつ。 |

### 時を設定してみよう

　時を表す言葉が設定されていない挿絵についても，場面の様子や自分の経験から具体的に想像してみるよう声をかけてみましょう。そうすることで，時を表す言葉を大切にし，出来事のつながりを考えながら文や文章で表現することができるようになることが期待できます。

単元について　123

# 漢字の広場③

1・2
2時間

準備物：黒板掲示用資料，付箋

● 出来事を分かりやすくまとめる

　出来事をまとめるときは，二つのことに注意します。一つ目は，時を表す言葉を考えながらまとめることです。「いつ，どこで，誰が，何を，どうした，（なぜ）」の一つ一つが，バランスよく入っていることで，一つの分かりやすい文となります。二つ目は，時を表す言葉の順序を考えながらまとめることです。いつのことといつのことかというように，その時，誰が何をどうしていたかを簡単に比べることができます。本単元では，時の変化に合わせて，女の子がしたことがつながりをもってまとめられることになります。ぜひ，この面白さを知ったうえで授業に臨みましょう。

> 土曜日の朝方に、おばあちゃんは東京へ行きます。
> 何をしに？　→　遊びに
>
> 時を表す言葉を使うと出来事や予定が分かりやすい文や文章になる。

❶ 学習課題の確認をする

時を表す言葉を使って出来事と予定を表す文が作れそうですか？

挿絵を見ると簡単だよ。

やってみたいです。

はじめに時を表す言葉を使うとよさそうだな。楽しそう！

　今回は，時を表す言葉を使って出来事と予定を表す文を作ることを確認する。まずは，場面の様子を確認しながら順に教師が指示した漢字を子どもたちと一緒に読んでいく。
　ここに出てきていない時を表す言葉も絵を見て思い浮かんだら使っていくことも確認する。
　例：夜おそく，夜分，昼すぎ，毎朝など

❷ 例文を確認し出来事を短文で表す

午前中は，室内で，妹と人形で遊びました。それからお母さんが水やりをしている横で，なわとびを何回もしました。

午後には，仲良しの友達が遊びに来ました。ジュースとバームクーヘンを半分ずつ食べました。
夕方，お母さんとお父さんとぼくで，晩ご飯を作りました。ぼくは，大きなお肉を切りました。

　例文を音読し，ポイントを押さえる。
　子どもたちは，どんどん文章を作成していくと考えられる。子どもの実態によって，個人やペアや３人組などで短文を作っていくと楽しい。文ができあがったら他の友達と交流することも伝えておきたい。

| 本時の目標 | ・既習の漢字を書き，文や文章の中で使うことができる。<br>・既習の漢字を使った文や文章を進んで作ろうとする。 | 本時の評価 | ・既習の漢字を書き，文や文章の中で使っている。<br>・既習の漢字を使った文や文章を進んで作ろうとしている。 |
|---|---|---|---|

## 漢字の広場③
### 時を表す言葉を使って書きましょう

*p.64挿絵

○日曜日の出来事
日曜日の朝は、おきるのがおそくなりました。顔をあらっているころには、お日様が高くなっていました。

○今週の予定

---

❸ 今週の予定をグループで推敲する

「土曜日の朝方に，おばあちゃんは東京へ行きます。」というのはどうだろう。

「遊びに」とか「買い物に」など何をしに行くのかが分かるといいな。「朝方に」は，午前中にでもいいかな。

例：弟は，今週，うさぎのえさやりと小屋の掃除を毎日やります。姉は，月曜日のテレビ番組を楽しみにしています。水曜日に，ぼくの家で，おじいちゃんと兄は，小刀を使って木の船を作ります。土曜日に，おばあちゃんは東京へ買い物に行きます。
　ここでの「～します。」は「～する予定です。」ということも子どもたちに気付かせたい。

❹ 紹介し，感想を述べ合う

同じ絵や漢字を使っても少し違った文や文章になるのが面白いな。

ぼくは，「～する予定です。」と未来のことを書くのが得意になったな。

　「どうしてこういう表現にしたの？」のように表現に関する質問をしている児童は大いにほめたい。付箋などを準備しておき，その場でコメントを書き，用紙に貼り並べていくのもよい。仲間からもらったコメントは，後で，「○○というようなコメントをもらってうれしかった。」のように，グループや全体の発表でも使うことができる。

登場人物のへんかに気をつけて読み，感想を書こう

# まいごのかぎ

6時間

## I 単元目標・評価

・様子や行動，気持ち，性格などを表す言葉に着目し，語彙を豊かにすることができる。(知識及び技能(1)オ)

・叙述をもとにして，登場人物の気持ちの変化や性格，情景について，場面の移り変わりと結び付けて具体的に想像することができる。(思考力，判断力，表現力等C(1)イ・エ)

・言葉がもつよさに気付くとともに，幅広く読書をし，国語を大切にして，思いや考えを伝え合おうとする。(学びに向かう力，人間性等)

| 知識・技能 | 様子や行動，気持ち，性格などを表す言葉に着目し，語彙を豊かにしている。((1)オ) |
|---|---|
| 思考・判断・表現 | 「読むこと」において，叙述をもとにして，登場人物の気持ちの変化や性格，情景について，場面の移り変わりと結び付けて具体的に想像している。(C(1)イ・エ) |
| 主体的に学習に取り組む態度 | 様子や行動，気持ち，性格などを表す言葉に着目し，進んで登場人物の気持ちの変化を想像し，物語の感想に思いや考えを書こうとしている。 |

## 2 単元のポイント

### この単元で知っておきたいこと

　登場人物の気持ちの変化や性格，情景について，場面の移り変わりと結び付けて想像するためには，はじめに，作品（物語文）の設定をはっきりさせておく必要がある。特に，登場人物の性格・境遇・状況をはっきりさせておくことで，登場人物の気持ちやさらには気持ちの変化を具体的に想像しやすくなる。この物語では，さわやかな海沿いの夏の町をうつむきがちにしょんぼりして歩いていることや「またよけいなことをしちゃったな。」とつぶやいたところ，「ランドセルだけが，歩いているように」などの叙述から，主人公の「性格」に注目させられる。ここを押さえると，主人公の気持ちの変化を具体的に想像しやすくなる。

### 教材の特徴

　この作品は，主人公が，鍵を拾ったことで不思議な世界に入り，鍵が消えたことで現実に戻るというファンタジー作品である。他のファンタジー作品の紹介をしつつ授業を展開したい。

126　まいごのかぎ

## 3 学習指導計画（全6時間）

| 次 | 時 | 目標 | 学習活動 |
|---|---|---|---|
| 一 | 1 | ・作品の内容を大まかにとらえ，単元の学習課題を設定し，積極的に学習計画を立てることができる。 | ○題名などから物語の内容を想像する。<br>○範読を聞き，物語の内容を大まかにとらえる。<br>○単元の学習問題を確認する。<br>○学習計画を立て，単元のゴールをはっきりさせる。 |
| 二 | 2 | ・様子や行動，気持ち，性格などを表す言葉に着目して出来事を想像し，「りいこ」の行動や気持ちを場面ごとに整理することができる。 | ○出来事の様子がよく分かる表現を見付け場面の様子を想像する。<br>・作品の設定（いつ，どこで，人物，など）を確認する。<br>・「りいこ」の性格を想像する。<br>・比喩表現や擬音語，擬人法，擬態語などに着目する。<br>・場面分けをし，場面ごとに「りいこ」の行動や気持ちなどを確認する。 |
|  | 3 | ・物語の最初と最後で，様子や行動，気持ち，性格などを表す言葉に着目して「りいこ」の考えがどのように変化したかを想像することができる。 | ○不思議な出来事に対する「りいこ」の考え方やとらえ方について考える。<br>・不思議な出来事ごとに，叙述を手がかりにして考える。<br>○「りいこ」の考え方の変化について確認する。<br>・出来事と出来事を比べながら変化についてまとめる。 |
|  | 4 | ・物語の最初と最後で，様子や行動，気持ち，性格などを表す言葉に着目して「りいこ」の気持ちが変わった理由を想像することができる。 | ○場面の移り変わりに着目して「りいこ」の気持ちの変化を確かめる。<br>・はじめと終わりの気持ちを確かめる。<br>・気持ちが変化した理由を押さえる。<br>・途中の過程で気持ちがどのように変わったか確かめる。 |
| 三 | 5<br>・<br>6 | ・書き出しと結びを工夫して，面白かった・好きなところを理由も交えて書き表すことができる。<br>・感想を読み合い，同じところや違うところを伝え合うことができる。 | ○面白いな，好きだなと思ったところを中心に，書き出しや結びを工夫して，そう思った理由や考えたことを書きまとめる。<br>○書いたものを友達と読み合い，同じところや違うところについて考えを交流する。 |

単元について　127

# まいごのかぎ

1/6時間　準備物：黒板掲示用資料

● 作品との出会いを大切に

　教科書 p.65を子どもたちと見ながら、今から読む作品についていろいろと想像をふくらませる時間をもちます。

　まずは、「まいごのかぎ」という題名からどんなお話かを想像してみます。自分の経験と重ねながら作品を想像していきます。子どもたちは、考えるうちに、早く作品を読んで確かめたいなあという気持ちになっていきます。そして、「『りいこ』が見付けたものは何？」「これから、どんなことが起こるでしょう？」という問いに出会います。「続きは、先生が読むので確かめながら聞いてくださいね。」と言って範読を始めます。題名から想像したこと・お話を聞いて分かったことなどから、「りいこ」の気持ちの変化に注目して気に入ったところや面白かったところを中心に感想を書くことを確認し、単元の学習問題の設定をします。

> ◎単元のめあて
> 登場人物のへんかに気をつけてお話を読みましょう。そして、面白かったところや気に入ったところを中心に、感想を書きましょう。
>
> 次の時間は、それぞれの場面でおこったことをせいりしよう。

❶ 作品と出会う

「題名からどんなお話だと思いますか？」
「かぎが、まいごになるお話。」
「かぎが、ぼうけんをするお話。」

「なくしたかぎをさがすお話。」

❷ 教師の範読を聞く

「『まいごのかぎ』とはどんなお話でしょうか。読んで紹介しますね。」

　題名を中心に、子どもたちがこの作品がどんなお話かを自由に想像する。正解を見付けるための活動ではなく、題名だけの情報で、今までの読書経験を生かしてお話を想像する子どもたちの姿を称賛することで、お話を聞きたい、知りたい、という意欲を高めたい。

　❶の活動を生かして、子どもたちの意欲を高めておいたところで、教師の範読を始める。この最初の範読の時に、短冊に場面のタイトルを書いて、場面分けをしながら範読をすると、子どもたちの意欲が高いうちに話の内容を大まかに整理してあげることができる。

128　まいごのかぎ

| 本時の目標 | ・作品の内容を大まかにとらえ，単元の学習課題を設定し，積極的に学習計画を立てることができる。 | 本時の評価 | ・作品の内容を大まかにとらえ，単元の学習課題を設定し，積極的に学習計画を立てている。 |

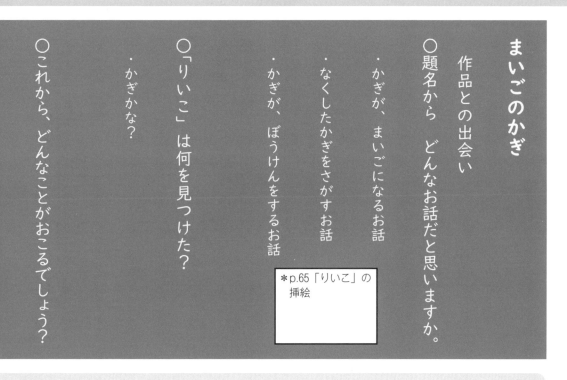

### ❸ 単元の学習計画を立てる

面白い出来事がたくさん起こっていたな。「りいこ」の考えや気持ちがもっと知りたいな。

今回の感想の書き方も面白そうだな。書き出しと結びの工夫をやってみたいな。

　単元のめあてを確認し，教科書 p.82「見直しをもとう」を参考にしながら学習計画を立てる。今までの学習では，登場人物の気持ちを想像したという学習経験から，本単元では，場面と場面を比べて「りいこ」の気持ちの変化をつかみ，作品の中で面白いな，気に入ったな，と思ったところを中心に感想を書くことを確認したい。

### ❹ 次時への見通しをもつ

次の時間は，場面ごとの出来事や様子をもっとよく読みとりたいな。

　次時には，場面ごとにどんな出来事が起こったかを中心に整理してみること確認したい。

# まいごのかぎ

2 / 6時間　準備物：黒板掲示用資料

● **場面分け**

場面分けは，時や場所などを手がかりにして分ける場合が多いです。中学年の間は，場面を分けることに時間を使わず，範読を通して，例えば本単元では，「不思議な出来事ごとに場面を分けるとお話の内容がつかみやすくなりますね。」と教師と一緒に確認しながら分けていくとよいでしょう。

● **喩え**

「まいごのかぎ」では，比喩表現や擬態語，擬音語，擬人法などが場面の様子がよく伝わるように，たくさん使われています。本時の範読の前に，「出来事の様子がよく分かるところに線を引きながら聞きましょう。」と声をかけ，範読後に線を引いたところを紹介し合う時間を取ります。これらは，登場人物の行動や気持ちを想像するときの手がかりとなる表現になります。

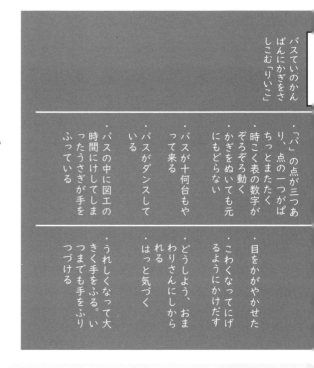

| バスていのかんばんにかぎをさしこむ「りいこ」 | |
|---|---|
| ・ふったうさぎが手をふっている | ・「バ」の点が三つあり，点の一つがちっとまたたく |
| ・バスの中に図工の時間にけしてしまった | ・時こく表の数字がぞろぞろ動くかぎをぬいても元にもどらない |
| ・バスがダンスしている | ・目をかがやかせたこわくなってにげるようにかけだす |
| ・バスが十何台もやって来る | ・どうしよう，おまわりさんにしかられるはっと気づく |
| ・うれしくなって大きく手をふる。いつまでも手をふりつづける | |

## ❶本時のめあてを確認する

「不思議な出来事がたくさんあったな。」

本時の学習は，五つの場面に分けて考える。
一 帰り道
二 大きなさくらの木
三 緑色のベンチ
四 あじの開き
五 バスの時こく表

## ❷範読を聞く

「どんな出来事が起こりましたか？様子がよく分かるところに線を引きながら聞きましょう。」

「ぱりっとした〜のような」とか「夏の日ざしを〜ような」「まばたきするかのように」に線を引きました。

範読後，様子がよく伝わる表現を確認した後，「『りいこ』の性格が分かりますか？」と問う。子どもたちからは，帰り道で余計なことをしたなとしょんぼりして歩いているところから，後になって気にしたり心配したりしてしまう性格のような反応が返ってくるだろう。この時点で性格を押さえておくことで，気持ちの変化に気付く際の手がかりになる。

| 本時の目標 | ・様子や行動，気持ち，性格などを表す言葉に着目して出来事を想像し，「りいこ」の行動や気持ちを場面ごとに整理することができる。 | 本時の評価 | ・様子や行動，気持ち，性格などを表す言葉に着目して出来事を想像し，「りいこ」の行動や気持ちを場面ごとに整理している。 |

## まいごのかぎ

### 場面ごとに物語のないようをたしかめよう

様子がよくつたわる「たとえ」
・「～ように」「～ような」
・物が人のような動きをしている「たとえ」

| 場面 | 「りいこ」の行動や，おこったこと | 「りいこ」の様子や気持ち |
|---|---|---|
| 帰り道<br>・かぎを拾う「りいこ」 | ・図工の時間を思い出す<br>・かぎを拾う | ・うつむきがち<br>・「またよけいなことをしちゃったな。」<br>・しょんぼりランドセルだけが，歩いている |
| 大きなさくらの木<br>・さくらの木にかぎをさしこむ「りいこ」 | ・さくらの木のねもとにかぎあなを見つける<br>・さくらの木にかぎをさしこむとどんぐりが落ちてくる | ・ベンチのそのそと歩きだす<br>・「びっくりした」「こんなことになるなんて」 |
| 緑色のベンチ<br>・ベンチの手すりにかぎをさしこむ「りいこ」 | ・ベンチのそのそと歩きだす<br>・日だまりにねそべりねいきを立てはじめた | ・ひっくり返りそうになる<br>・ためいきを一つつく |
| あじの開き<br>・あじのひもにかぎをさしこむ「りいこ」 | ・にかぎをさしこむ<br>・あじは小さなかもめみたいにはばたき，ふわふわとかび上がる<br>・すいこまれるよう | ・あっけにとられる<br>・やっぱりよけいなことばかりしてしまう<br>・悲しくなった |

### ❸出来事などを整理する

「大きなさくらの木の場面では何が起こりましたか。」

「鍵を差し込んだら，どんぐりが落ちてきました。またびっくり…。」

 「そして，急いで鍵を抜きました。」

場面ごとに出来事が大まかに確認できることを目的として整理する。教科書 p.82「ノートのれい」を参考にしながら板書し，子どもたちの実態に合わせて，ワークシートを作っておいて書き込めるようにしておくのもよいだろう。㊁帰り道の場面は「ノートのれい」と同じように板書に掲示できるようにしておくのもよいだろう。

### ❹本時を振り返る

「「りいこ」の行動や，起こったことから出来事がよく分かってきましたね。「りいこ」は，それぞれの出来事について，どのように考えていたんでしょうね。」

「不思議な出来事ばかりだったから，「りいこ」のことは考えてなかったなあ。考えてみたいな。」

❸の活動で多くの時間を使うことになる。書くスピードにも差があるので，次の時間でも使えるよう写真を撮っておいて実態に合わせて印刷をし，手元に持てるようにする方法もおすすめである。

# まいごのかぎ

3/6時間

準備物：黒板掲示用資料

●場面ごとのタイトルを書いた短冊

場面ごとのタイトルを書いた短冊は，場面ごとにまとめる時に大変便利です。タイトルを貼り付けた瞬間の子どもたちの反応をしっかりと見て取ることができるとともに，子どもたちに次の活動を予測させることもできます。

●出来事に対する「りいこ」の考え

本時は，出来事に対する「りいこ」の考えを押さえる活動をします。これは，次の時間の気持ちの変化を考える際にたいへん重要になってきます。人の心が動かされるためには，何かきっかけとなる出来事があります。本時は，そのきっかけとなる出来事に対する「りいこ」の考えを押さえることで，何に着目して読むかという視点を与える活動となっています。

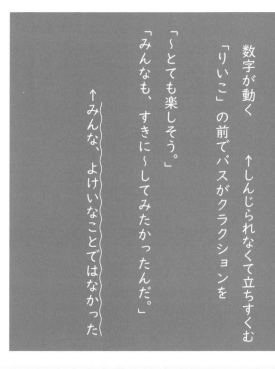

数字が動く　↑しんじられなくて立ちすくむ
「りいこ」の前でバスがクラクションを
「〜とても楽しそう。」
「みんなも、すきに〜してみたかったんだ。」
↑みんな、よけいなことではなかった

❶本時のめあてを確認する

では，不思議な出来事に対して，「りいこ」の考え方はどのように変わったのでしょう？

「不思議な出来事に対して，『りいこ』の考え方は，最初と最後で変わりましたか？」と子どもたちに質問する。子どもたちは，考えが変わったと答えるだろう。そこで，本時のめあてを設定する。

❷「りいこ」の考え方を押さえる①

二場面では，どんなことがありましたか。

「りいこ」の考えは？

「かぎをさしこむとさくらの木にどんぐりの実がなって頭の上に落ちてきた。」ことに，理解できていない。

不思議な出来事は，二場面からはじまることを確認し，前時までで使った場面の短冊を使って板書していく。二，三，四場面と順に出来事とそれに対する「りいこ」の考えを確認する。

| 本時の目標 | ・物語の最初と最後で、様子や行動、気持ち、性格などを表す言葉に着目して「りいこ」の考えがどのように変化したかを想像することができる。 | 本時の評価 | ・物語の最初と最後で、様子や行動、気持ち、性格などを表す言葉に着目して「りいこ」の考えがどのように変化したかを想像している。 |

## まいごのかぎ

ふしぎな出来事に対して、「りいこ」の考え方はどのように変わったのだろう

ふしぎな出来事　↑「りいこ」の考え方

二　大きなさくらの木
さくらの木に、どんぐりの実がつくなんて
↑まちがい　理かいできない

三　緑色のベンチ
ベンチが犬のように、せなかをそらした
↑歩くなんておかしい

四　あじの開き
はばたきはじめ、海へ
↑

五　バスの時こく表
↑あっけにとられて

❸「りいこ」の考え方を押さえる②

五場面では、まず、どんなことがありましたか。そして、どんなことがありましたか。
「りいこ」の考えは？

「かぎをさしこむと時こく表の数字が動き出し、かぎをぬいた後、『りいこ』の前でバスが楽しそうにクラクションを鳴らしはじめた。」ことで、「こういうこともあっていいな。」と考えるようになったようです。

　五場面の出来事を確認する時には、まず、何があって、次にどんな出来事があったか順に確認したい。

❹「りいこ」の考え方の変化を押さえる

二場面から五場面の出来事を通して、「りいこ」の考えはどのように変化しましたか。

はじめはびっくりして、理解できなかったけれど、バスが楽しそうにしていることなどから、今まで出会ったみんなも好きでやっていたことだと気付き、余計なことではないと考えるようになっていました。

　ここでは、うさぎに手を振ったことには触れず、バスとの出来事に対する「りいこ」の考えの変化を押さえたい。うさぎについては、第4時の最後に問うことにする。
　また、次時での活動の確認もしておきたい。

第3時　133

# 4/6時間 まいごのかぎ

準備物：黒板掲示用資料

●最初と最後の変化

　最初と最後の気持ちの変化を考える活動は，子どもたちの主体的な学びを引き出すことにつながります。本時では，最初しょんぼりしていた「りいこ」が，最後には元気になる話ということを比較的容易に共通理解することができます。そして，「どうして，最後には元気になったのだろう？」という学習課題をみんなで共有することもできます。

　しかし，この時期の子どもたちが，この学習課題だけで，読みを進めていくことはできません。作品の設定の確認や場面分け，場面ごとの内容と中心人物の気持ちの確認などに着目して読む力を育てる必要があります。このように，育てたい力をはっきりと意識しながら子どもたちがわくわくしながら取り組める国語の学習を創っていきたいものです。

・うれしくなって、大きく手をふり返した。

◎元気になった理由◎
・やりたいことをやっていいと分かったから
・消してしまって、もうしわけなく思っていた「うさぎ」が手をふってくれたから
・自分のしたことがよけいなことではないと分かったから

## ❶本時のめあてを確認する

「りいこ」の気持ちは，どのように変化しましたか。

はじめは，しょんぼりして落ち込んでいたけれど，最後には，元気になりました。

はじめ，しょんぼりしていた「りいこ」は，どうして元気になれたのでしょう。

　「りいこ」の気持ちが，どのように変化したかを確認することで，最後には，元気になったというような意見でまとまるだろう。そこで，「はじめ，しょんぼりしていた『りいこ』は，どうして元気になれたのでしょう。」と問うことで，勢いよく子どもたちの意見が出てくるだろう。

## ❷気持ちの変化をとらえる①

一 帰り道では，またよけいなことをしたと思ってしょんぼりしていたな。

二 大きなさくらの木や三緑色のベンチでは，本当にびっくりしていたよね。

「まずは，隣の人に説明してみましょう」と声をかけたい。

| 本時の目標 | ・物語の最初と最後で、様子や行動、気持ち、性格などを表す言葉に着目して「りいこ」の気持ちが変わった理由を想像することができる。 | 本時の評価 | ・物語の最初と最後で、様子や行動、気持ち、性格などを表す言葉に着目して「りいこ」の気持ちが変わった理由を想像している。 |

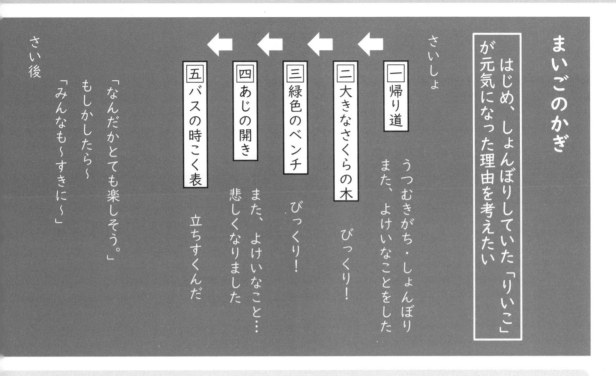

まいごのかぎ

はじめ、しょんぼりしていた「りいこ」が元気になった理由を考えたい

さいしょ

一 帰り道
　うつむきがち・しょんぼり
　また、よけいなことをした

二 大きなさくらの木
　びっくり！

三 緑色のベンチ
　びっくり！
　また、よけいなこと…
　悲しくなりました

四 あじの開き

五 バスの時こく表
　立ちすくんだ

さい後
「なんだかとても楽しそう。」
もしかしたら～
「みんなも～すきに～」

❸気持ちの変化をとらえる②

「四 あじの開きでは、危うくあじを海に帰してしまいそうになり、やっぱり悲しい気持ちになっていたよね。」

「でも、五 バスの時刻表では、怖くなったけれど、バスのダンスやうさぎが手を振ってくれたことから元気になったよね。」

▶ 場面のつながりを意識して話をしている子をどんどん称賛する。その後、全体発表の時間を取りたい。

❹元気になった理由をまとめる

「どうしても、くよくよしてしまう性格もあり、余計なことをしてしまったと思う場面が多かったよね。」

「でも、バスのダンスから、みんなやりたいことをやっていいと思うようになったね。」

「また、うさぎが手を振ってくれたことで、さらに、うれしくなったね。」

「『りいこ』の気持ちが変化した理由がはっきりしてきましたね」と声をかけ、何人かを指名することで、元気になった理由となる出来事を引き出したい。そして、うさぎが手を振ってくれたことで、悪いことをしたと思っていた「りいこ」の気持ちについて、子どもたちの考えを聞きたい。

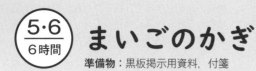

# 5・6 まいごのかぎ
## 6時間

準備物：黒板掲示用資料，付箋

● 自分の考えをもつ

「おもしろいな。」「すきだな。」と思ったところについて，付箋に名前と選んだ理由を書きます。「名前は，半分より上の部分に大きく書きましょう。」「出来事については，赤の付箋。」「『りいこ』については，青の付箋。」と色分けして書くよう指示をしておきます。そうすることで，付箋が黒板に出そろった後，考えを比べ，考えがまとまりやすくなります。

● 感想を読み合う

考えをもつときに使った板書は，感想を読み合うときにも復元したいものです。実際にどの場面をどのように感想として書いているか確かめながら読むことができます。

> **書きだし**
> ・もし，「りいこ」が目の前にいたら～
> ・〇〇〇〇ってことを教えてくれてありがとう。
>
> **むすび**
> ・「りいこ」に，〇〇と言ってあげたいです。
> ・「りいこ」はこの後～していると思います。

### ❶ 名前と理由を書き，黒板に貼る

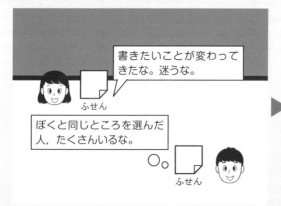

本時の学習のめあてを確認した後，「おもしろいな。」「すきだな。」と思ったところを選んだ理由を付箋に書き，当てはまる場面のところに貼るよう声をかける。また，複数枚書いてみて，感想を書く時に選ぶよう声をかける。付箋が出そろったら，場面ごとに，紹介の時間をとったり，自由に黒板の前で仲間の選んだ理由を確認したりする。

### ❷ 書きだしを工夫して書く

「書きだし」と「むすび」の例を教師が紹介しながら，自分の書きたい内容にぴったりの「書きだし」と「むすび」を想起させたい。

感想の文字数は，200〜300字くらいを目標に，「書きだし」「おもしろかったこと・すきなところ」「その理由」「むすび」という表現で書けるよう構成の確認をしたい。

| 本時の目標 | ・書き出しと結びを工夫して，面白かった・好きなところを理由も交えて書き表すことができる。<br>・感想を読み合い，同じところや違うところを伝え合うことができる。 | 本時の評価 | ・書き出しと結びを工夫して，面白かった・好きなところを理由も交えて書き表している。<br>・感想を読み合い，同じところや違うところを伝え合っている。 |
|---|---|---|---|

## まいごのかぎ
### 感想を書いて読み合おう

おもしろいな、すきだなと思ったところ

- 一 帰り道
- 二 大きなさくらの木
- 三 緑色のベンチ
- 四 あじの開き
- 五 バスの時こく表

> 面白いな、好きだなと思ったところに名前と理由を書いた付箋を貼る。

### ❸ 感想を読み合う

「バスがいっぱい集まってきたころには，なんだか「りいこ」が強くなっていたような気がするっていう○○さんの言葉がよかったな。」

「さくらの木からどんぐりの実がついて落ちてきたら，やっぱりみんな驚くよね。もう「りいこ」といっしょに笑えそう。」

同じ場面で同じ出来事について書いても自分と友達ではとらえ方や考えが違うところに感想を読み合う面白さがあることに気付かせたい。グループでの交流の後，黒板の板書を手がかりにして，自ら読み歩く姿を称賛していきたいものである。

### ❹ 単元全体を振り返る

「出来事ごとに考えや気持ちが読み取れたよ。場面の様子や行動から考えられたよ。」

「感想を読み合うって本当にワクワクして楽しいな。新しい発見が必ずあるから。」

「この単元で学んだことは何だろう。」子どもたちに投げかけると「例えのこと」「行動から気持ちが想像できること」「出来事によって気持ちが変化していること」「友達の感想から新たな発見があって面白いこと」などが出てくるだろう。ぜひ，引き出したいものである。

# 俳句を楽しもう

**1時間**

## 1 単元目標・評価

・文語調の俳句を音読して言葉の響きやリズムに親しむことができる。（知識及び技能(3)ア）
・言葉がもつよさに気付くとともに，幅広く読書をし，国語を大切にして，思いや考えを伝え
　合おうとする。（学びに向かう力，人間性等）

| 知識・技能 | 文語調の俳句を音読して言葉の響きやリズムに親しんでいる。（(3)ア） |
|---|---|
| 主体的に学習に取り組む態度 | 自分のお気に入りの俳句を選び，選んだ理由についてお互いに伝え合おうとしている。 |

## 2 単元のポイント

### この単元で知っておきたいこと

　子どもたちが教科書で初めて出会う俳句の教材である。文語体で書かれ，子どもたちにとって身近ではない言葉も多く載せられている。一方で，五七五のリズムの表現は，子どもたちの日常生活の中にも多く見られ，親しみやすい。何度も声に出して音読させることで，五七五のリズムや身近ではない言葉の響きについても楽しませたい。そして，十七音で語られたそれぞれの作品から感じ取られる情景や話者の心情などの世界観についても味わわせていきたい。

### 教材の特徴

　本教材では，松尾芭蕉・与謝蕪村・小林一茶といった現在から250〜350年前の江戸時代に活躍した俳人の作品がそれぞれ2句ずつ載せられている。季語は「春の海」や「夏山」など，直接季節が示されているものや，「蛙」「蝉」「菜の花」など，現代の子どもたちにも分かりやすい身近にあるものが使われている。俳句に書かれている言葉から，話者である「わたし」が感じたものを考えることで，それぞれの句が伝えようとしている世界が伝わってくる。そのために必要なことは，「見えていたもの」を中心とした「五感で感じられるもの」の観点である。

138　俳句を楽しもう

## 3 学習指導計画（全1時間）

| 次 | 時 | 目標 | 学習活動 |
|---|---|---|---|
| 一 | 1 | ・五七五のリズムに合わせて俳句を読み，それぞれの俳句から「わたし」が感じたものについて考えたうえで，自分のお気に入りの俳句を選んで交流しようとする。 | ○五七五のリズムに合わせて音読し，話者が感じたことについて五感をもとに考え，自分のお気に入りの俳句を選ぶ。<br>・教師の範読の後に，そろえて音読する。<br>・俳句の特徴を知る。<br>・それぞれの俳句から伝わる「話者の五感」と「季語」について交流しながら確かめる。<br>・自分が気に入った俳句を選び，理由を書く。 |

### 音読を繰り返す

　俳句は十七音からなる短い文章です。だからこそ，何度も音読させる機会をつくりましょう。例えば，一つの言葉について説明した後，一つの言葉について考えさせた後，話者の気持ちについて考えさせた後，など，書かれている言葉について新しい理解が増えるたびに，「さん，はい。」と声をかけて，音読させていくことが大事です。そうすることで，子どもたちは，その俳句への印象を変えて読むことができるでしょう。

### 話者が感じる「五感」について考えさせる

　五感とは，「視覚」「聴覚」「嗅覚」「味覚」「触覚」のことです。それぞれの俳句について，その俳句について語っている「わたし」の立場から，「見えたもの」「音や匂い，味を感じたもの」「手や体で感じたもの」は何か，考えさせましょう。そうすることで，それぞれの俳句に書かれている情景を子どもたちも感じることができるようになります。

### 言葉を比較して

　俳句によっては，「古池」と「蛙」が「見えた」というように，書かれているものから「感じたもの」が二つ出てくるものもあるかと思います。そんな場合には，その二つがどう違うのか考えさせることで，その俳句への読みが深まるでしょう。「大きい」と「小さい」，「古い」と「新しい」，「ずっと」と「一瞬」など，対比関係が見付かるとよいですね。

### 自分のお気に入りの俳句選び

　子どもたちそれぞれ感じ方は多様です。学習のまとめとして，お気に入りの俳句を選ばせ，その理由を交流させましょう。そうすることで，子どもたちはそれぞれの俳句への理解をさらに深め，自分の新たな読みとして学びが広がっていくでしょう。

単元について　139

# 俳句を楽しもう

準備物：黒板掲示用資料

●「感じたもの」の観点を示す

　俳句の世界をより深く味わわせるために，十字にまとめた「感じたもの」の観点を示します。叙述をもとに，「わたし」から「見えていたもの」，「音・匂い・味」，「季語と季節」，「手や体」と，順番に考えさせていきましょう。

　叙述だけでなく，叙述をもとに想像できるものについても，妥当かどうか，交流とともに考えさせていくのもよいですね。

●少ない言葉の中に価値を見付ける

　「わたし」から見えた「古池」と「蛙」，ずっと見えていたのはどちらか，「わたし」が聞いた「水の音」，大きな音だったのか，小さな音だったのか，どんな音だったのか，など，「わたし」が「感じたもの」について，いったいどのくらいなのか，交流を入れながら想像させていきましょう。

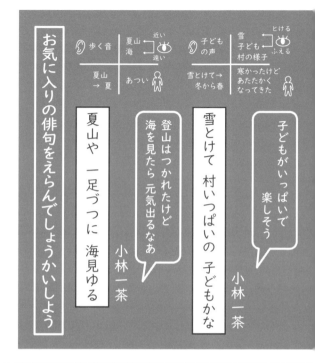

❶スモールステップで何度も音読する

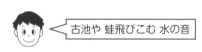

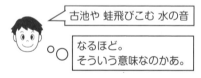

　普段の言葉とは違う文語体の言葉だからこそ，何度も音読させてリズムや響きを味わわせる必要がある。まず，教師の範読の後に声をそろえて音読させ，言葉について簡単な解説を一つ入れるたびに，「さん，はい！」と合図を入れて何度も音読させていく。

　五七五の句切りに線を入れさせたり，季語を丸で囲ませたりする活動も有効である。

❷「わたしが感じたもの」を考える

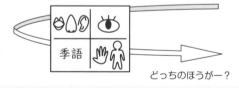

　次に，「わたし」が「感じたもの」を考えさせていく。どの俳句でも「見えていたもの」は必ず出てくる。季語とその季節の確認をすることで，日本らしい四季折々の気候が想像できるようになるので，その後に「体で感じたもの」を問うと，「わたし」のいる世界に立体感が出てくる。

　言葉が二つ出てきた際には，「どっちのほうがー？」など比べさせるとよい。

| 本時の目標 | ・五七五のリズムに合わせて俳句を読み，それぞれの俳句から「わたし」が感じたものについて考えたうえで，自分のお気に入りの俳句を選んで交流しようとする。 | 本時の評価 | ・五七五のリズムに合わせて俳句を読み，それぞれの俳句から「わたし」が感じたものについて考えたうえで，自分のお気に入りの俳句を選んで交流しようとしている。 |

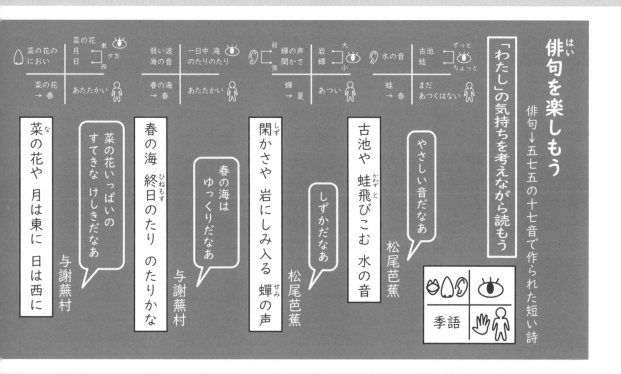

## ❸「わたし」の気持ちを想像する

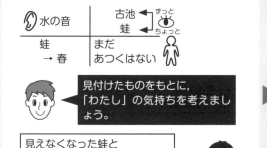

見付けたものをもとに，「わたし」の気持ちを考えましょう。

見えなくなった蛙とずっと見えている古池がいいなあ。

そして，「感じたもの」に書かれた言葉を使って，「わたし」の気持ちを想像させていく。

あくまで読み手が想像する活動なので多様な解釈があってよいが，より作品らしい解釈をさせたい時には，「や・かな」といった「切れ字」の付く言葉に，感動の中心が集まることを示し，その言葉を「わたし」の気持ちへの解釈の中心に置いて考えさせるとよい。

## ❹自分のお気に入りを選んで伝え合う

私は「古池や」の俳句が一番好きです。その理由は，昔からずっとそこにある古池に，蛙という小さな生き物が出てきた感じが好きだからです。

そうか。そんなよさもあるんだね。考えもしなかったなあ。

最後に，学んだ俳句の中から理由とともに一つ選ばせていく。理由も考えさせることで子どもたちそれぞれの解釈に違いが出てくるので，違う俳句を選んだ子ども同士だけでなく，同じ俳句を選んだ子ども同士も交流させたい。

また，それぞれの俳句は，250〜350年前の江戸時代の作品である。現代と違う昔のよさや現代と変わらない日本のよさを示すのもよい。

第1時 141

# こそあど言葉を使いこなそう

**2時間**

## **1 単元目標・評価**

・指示する語句の役割について理解することができる。（知識及び技能(1)カ）

・言葉がもつよさに気付くとともに，幅広く読書をし，国語を大切にして，思いや考えを
　伝え合おうとする。（学びに向かう力，人間性等）

| 知識・技能 | 指示する語句の役割について理解している。（(1)カ） |
|---|---|
| 主体的に学習に取り組む態度 | 学習課題に沿って，指示する語句の役割を積極的に理解し使おうとしている。 |

## **2 単元のポイント**

### 教材の特徴

　子どもたちは日常生活で何気なく指示語を使っている。しかし指示語の「現場指示」の用法
や「文脈指示」の用法，その特性等について意識して用いてはいない。本単元は，指示語の特
性について理解し，実際の日常生活に生かしていくことができるように位置付けられている。
教科書の構成もより日常生活で生かしやすい「現場指示」の用法から扱われており，指示する
語句の種類を分類整理するところから学習を進めやすい。子どもたちが，概念の理解に終始す
ることなく，実践的な理解につなげていくためにも言語活動を工夫していきたい。

### 言語活動

　子どもたちが「なぜだろう」「どのように…」のように学びの必然性をもって，授業に取り
組むことができるようにしていきたい。そこで，指示語を適切に使っていないがためにトラブ
ルになりそうな場面絵を提示する。その絵をきっかけにしながら，指示語の「現場指示」につ
いて整理していこうという子どもたちの意欲を引き出していきたい。また，第2時については
文章の指示語を用いない教材文を，指示語を用いてリライトする活動を通して，指示語の「文
脈指示」の用法について理解を深めていきたい。

## 3 学習指導計画（全2時間）

| 次 | 時 | 目標 | 学習活動 |
|---|---|---|---|
| 一 | 1 | ・指示する語句が，話し手からの距離によって使い分けられることを理解し，使い分けできる。<br>・学習課題に沿って，指示する語句の役割を積極的に理解し使おうとする。 | ○会話文でどの指示語を使うのが適切なのかについて検討することを通して，指示する語句の特徴や役割について理解する。 |
| 二 | 2 | ・指示語の役割を理解し，文章中のどの言葉を指しているかを正しくとらえることができる。<br>・学習課題に沿って，指示する語句の役割を積極的に理解し使おうとする。 | ○文章中でどの指示語を使うのが適切なのかについて検討することを通して，指示する語句の特徴や役割について理解する。 |

### 身近な存在として学びを深める

　普段なんとなく使っている指示語ですが，国語科の評価問題では何を指しているか問われることがしばしばあります。指示語が指している事柄を正確にとらえることが，文章を正確に読解するうえで重要だからです。この場合，指示語の「非現場指示の用法」を正しく理解していることが大切になります。また，今回の単元で扱った場面絵のように「現場指示の用法」は日常生活において，頻繁に使っています。日常生活においても，文章を読み解くうえでも，身近な存在である指示語です。たった2時間の単元ですが，この単元で指示語の重要性について，子どもたちに気付かせたいものですね。

単元について　143

# こそあど言葉を使いこなそう

準備物：黒板用掲示物，（適宜）ワークシート（p.229）

●ズレ感のでる場面絵の作成

　教科書の挿絵を用いながら，指示語の用い方について確認し，表にまとめていく授業の展開ももちろん可能です。しかし，主体的に指示語の使い方について考えていこうとするためには，子どもたちが思考する必然性を授業デザインに埋め込まなければいけません。本時では，場面絵を用いて，指示語がないことによる不便さや不明瞭さを感じ，「なんとかはっきりさせたい」という子どもたちの思いを引き出していきます。そうすることで，指示語の「現場指示」の用法について再確認していく必然性を生み出すことができると考えます。

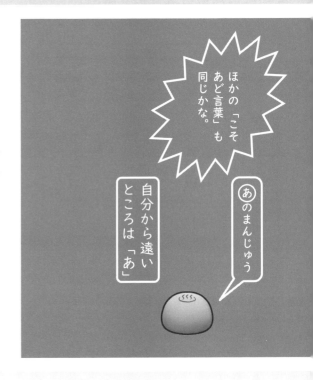

## ❶場面絵を見て話し合う

　場面絵を提示し，なぜ男の子が不思議に思っているのかについて話し合う。場面絵の状況を話し合う中で「おまんじゅうが誰のものなのかはっきりしないから…」のように話すであろう子どもの感想を取り上げ，本時の課題把握につなげていく。
　必要に応じて，場面絵のワークシートを個別に配付してもよい。

## ❷本時の課題をつかむ

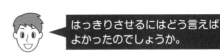

　どのおまんじゅうのことを言っているのかをはっきりさせるにはどうすればよいのかについて話し合う。そうする中で「こそあど言葉」がどのように使われているのかについて考えていこうという本時の課題をつかむことができるようにする。

| 本時の目標 | ・指示する語句が、話し手からの距離によって使い分けられることを理解し、使い分けできる。<br>・学習課題に沿って、指示する語句の役割を積極的に理解し使おうとする。 | 本時の評価 | ・指示する語句が、話し手からの距離によって使い分けられていることを理解し、使い分けている。<br>・学習課題に沿って、指示する語句の役割を積極的に理解し使おうとしている。 |

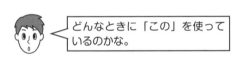 ❸指示語の使い方について話し合う

 ❹他の指示語にもいえるのか考える

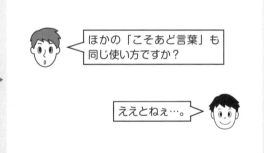

黒板にイラストを貼り、指示語を根拠にまんじゅうと自分との位置関係について話し合うことにより、指示語の使い方について実感をもって理解できるようにする。

「この」「あの」などの指示語の使い方が、他の指示語においても当てはまるのかについて話し合い、表にまとめることにより、指示語の現場指示の用法について理解を深めることができるようにする。

第1時 145

# こそあど言葉を使いこなそう

2 / 2時間

準備物：黒板掲示用資料

● 一般化を図るために

　本時では，指示語の「非現場指示」の用法について扱う。教科書 p.89 の内容について理解した後は，実際に使える知識・理解となっているかどうかを実際の説明的な文章で試していきたい。そうすることにより，学習したことの定着を図ることができ，今後，文章を読む際に本時の学習を生かすことができるようになると考える。

> 「こそあど言葉」を使うと、文がすっきりする。
>
> 「こんなに」→　びっくりするくらいに
> 「これら」→　ねこや犬くらいの大きさのきょうりゅう

❶教科書 p.89 上段を読み内容をとらえる

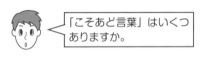

　教科書 p.89 上段を読み，指示語の数を数えさせる。「それ」「この」の二つの指示語に気付かせ，それぞれが何を指し示しているのかについて話し合う。

❷本時の課題をとらえる

　文章内で扱う指示語は，単語そのものを指す場合もあれば，内容を指し示すこともあることを知り，他の文章ではどのように扱われているのかを調べようという本時の学習課題をとらえることができるようにする。

| 本時の目標 | ・指示語の役割を理解し，文章中のどの言葉を指しているかを正しくとらえることができる。<br>・学習課題に沿って，指示する語句の役割を積極的に理解し使おうとする。 | 本時の評価 | ・指示語の役割を理解し，文章中のどの言葉を指しているかを正しくとらえている。<br>・学習課題に沿って，指示する語句の役割を積極的に理解し使おうとしている。 |
|---|---|---|---|

## こそあど言葉を使いこなそう

「それ」→おばあさんからもらった赤いぼうし

「このように」

何を指しているのかな？

*p.89下段①

❸ 指示語が何を指しているのか考える

指示語を使わないと文が長くなっちゃうね。

言葉が重ならないほうが，すっきりした文になるね

教科書 p.89下段①の問題に取り組む。また，指示語を使わずに，例文と同じ意味の文を書かせ，指示語の便利なところについて話し合う。

❹ 他の教材文でも試す

「こんな」は何を表しているのかな。

実際に説明文を読むときも気をつけたいね。

教科書 p.105からの「鳥になったきょうりゅうの話」を読み，指示語に線を引かせる。その中でも，「こんな」「これら」のような，教科書 p.89 で扱っていない指示語を中心に扱い，何を指しているのか考える。

# ［じょうほう］引用するとき

**3時間**

## ■ 単元目標・評価

・引用の仕方や出典の示し方を理解し，使うことができる。（知識及び技能(2)イ）

・引用して，考えを支える理由や事例を紹介しながら，簡単な文章を書ける。（思考力，判断力，表現力等B(1)ウ）

・言葉がもつよさに気付くとともに，幅広く読書をし，国語を大切にして，思いや考えを伝え合おうとする。（学びに向かう力，人間性等）

| 知識・技能 | 引用の仕方や出典の示し方を理解し，使っている。（(2)イ） |
|---|---|
| 思考・判断・表現 | 「書くこと」において，引用して，考えを支える理由や事例を紹介しながら，簡単な文章を書いている。（B(1)ウ） |
| 主体的に学習に取り組む態度 | 引用して文章を書こうとしている。 |

## ② 単元のポイント

### 身に付けたい資質・能力

　正しい引用の仕方，出典の示し方を指導することが大事なのは言うまでもないが，どうしてそうしなければならないのかも落とさずに指導していきたい。また，引用は，自分の意見を支える根拠になり，説得力を増すために使えることも教えていきたい。出典の示し方を学ぶ際には，著作権を尊重する態度も併せて教えていきたい。

### この単元で知っておきたいこと

　学校図書館と連携をしながら，指導していきたいところである。情報の扱い方も，系統的に積み上げて力をつけていきたい。「引用」や「出典」の示し方も，今後の調べ学習などの他の学習で必要になってくる。3年生でしっかりと指導し，積み上げていきたい。また，学校図書館にある実際の本を触り，奥付を見付けて，著者や出版社などを調べていく活動も行っていきたい。

148　［じょうほう］引用するとき

## 3 学習指導計画（全3時間）

| 次 | 時 | 目標 | 学習活動 |
|---|---|---|---|
| 一 | 1 | ・引用の意味と書き方について理解することができる。 | ○教科書 p.90の4コママンガを読む。<br>・どうして引用が必要なのかについて考える。<br>・引用の意味や方法をノートに書く。 |
| 二 | 2 | ・引用して，文章を書くことができる。 | ○引用して文章を書く準備をする。<br>・紹介するこまを一つ選ぶ。<br>・引用したい箇所をメモする。 |
|  | 3 | ・引用して，文章を書くことができる。 | ○引用して文章を書く。<br>○単元の振り返りをする。 |

### 他の学習とつなげた展開例

　ここで示している授業の展開は，教科書にも示してあるように，「こまを楽しむ」の説明文から引用して作文するものです。時間が限られているので，既習の文章を扱うことは，合理的であるといえます。

　別の展開案としては，社会科や理科の学習と連携して行う案です。社会科や理科の内容で，興味をもったことを調べたり，教科書の内容を詳しく調べたりします。調べたことを，新聞やポスター，レポートにまとめたりすることもあるでしょう。そこで，この単元の学習とつなげていくのです。第1時で引用の仕方を学んだら，社会科や理科の学習の中で，引用を使えるようにしていきます。出典の示し方もここで教えておきます。

　また，国語科の他の学習の中でも取り入れることができます。教科書 p.100の「はじめて知ったことを知らせよう」の学習の中でも，自分のおすすめの本を，文章から引用しながら紹介する活動が考えられます。

　このようにして，これから指導する単元が他の学習とどんなつながりがあるかを考えながら，教材研究をしていくと，面白い授業展開が思いつくかもしれません。

単元について　149

# 1/3時間 ［じょうほう］引用するとき

準備物：黒板掲示用資料

●写すことの難しさ

　引用するということは，3年生にとっては乗り越えなければならないハードルが高く，多いです。まず，「そのまま書き写す」ということが難しいのです。どうしても，誤字・脱字が目立ってしまいます。また，出版社や著者など，漢字が難しかったり，書籍からそれらの情報を見付け出したりすることも困難です。子どもたちの様子をじっくり見て，正しく引用する力をつけていきましょう。

●4コママンガから入る

　子どもたちにとって，引用とは馴染みのないものです。そこで，単元のはじめは4コママンガから入ることをおすすめします。マンガを通して，問題を発見し，その解決の方法が引用であるという流れが自然な入り方になるでしょう。

○引用のきまり
①かぎ（「　」）をつけたり、本文よりも少し下げたりして、分かるようにする。
②元の文章を、そのままぬき出す。
③何から引用したのかをしめす。
　→出てんを書く
　　本を書いた人　「本の題名」
　　出ぱん社　出ぱんした年

❶4コママンガから問題点を考える

この4コママンガの何が問題なのでしょうか？

本は，勝手に写してもいいのかな？

　引用の必要性をとらえさせるために，教科書p.90の4コママンガから問題点を考えさせる。「どの本のどこを写したのかが分からない。」「その本を読みたい人が，どうやって本を探したらよいのかが分からなくて困っている。」という意見が出る。

❷男の子はどうすべきだったか考える

この男の子は，どうやって書いたらよかったのでしょう？

自分の考えを書いたところと本を写したところを分けて書いたらよいのではないかな。

　問題を解決するために，どうしたらよいのかを考える。「本の名前を書いたらよかったよ。」「写したところに印をつけたらどうかな。」「ここは○○さんが考えた文だよって書いたらいいね。」と，引用に迫る発言を引き出していく。

| 本時の目標 | ・引用の意味と書き方について理解することができる。 | 本時の評価 | ・引用の意味と書き方について理解している。 |
|---|---|---|---|

## 引用するとき

### 引用の仕方と出てんのしめし方を知ろう

○引用の意味
ほかの人の言葉を、自分の文章や話の中で使うこと
ほかの人の本や聞いた話

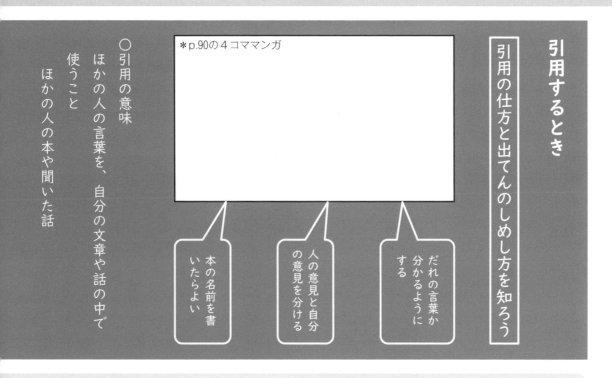

*p.90の4コママンガ

- 本の名前を書いたらよい
- 人の意見と自分の意見を分ける
- だれの言葉か分かるようにする

---

### ❸引用について知る

他の人の言葉を、自分の文章や話の中で使うことを、引用といいます。引用にはきまりがあります。ノートに書きながら確かめましょう。

大事なことだからしっかり書いておこう。

教科書p.90の下段を読み、引用の意味、きまりなど大事なところを板書して、ノートに書き写す。

### ❹本時のまとめをし、次時の予告をする

今日は新しく引用を勉強しました。次の時間からは、引用して文章を書いていきます。

4コママンガから問題点を発見し、その解決方法が引用であるということを押さえたら、次時は、引用して自分で簡単な文章を書いていくことを伝えて終わる。

# ［じょうほう］引用するとき

2 / 3時間

準備物：範読用の文章2種（引用あり／引用なし），黒板掲示用資料

## ●自分で選ぶということ

「選ぶ」という活動は，実は難しいものです。ただ「一つ選んでおいてね。」と言うのではなく，「どんなこまが出てきた？」と，事例を確かめながら一つずつ聞いていき，選んだものに手を挙げさせるなど，「選ぶ」活動を細かく分けましょう。「選ぶ」ということも練習が必要です。授業の様々な場面で，子どもたち自身が「選ぶ」ということを経験させていきます。

## ●書く前に話す

大人でも，例えば，指導案を書く際に，周りの先生たちと授業についての話をした後の方が筆が進んだ，ということがあるでしょう。子どもも同じで，作文の前には，周りの人とそれに関連する話をした後のほうが，内容が整理されたり，話題が掘り起こされたりして，書きやすいのです。

○どんなこまがあったかな？
色がわりごま
鳴りごま
さか立ちごま
たたきごま
曲ごま
ずぐり

### ❶引用とは何か思い出し課題を確認する

引用の意味ときまりはどのようなものでしたか？

何だっけ？　そういえば，前の国語の時間にノートに書いたな…。

引用の意味ときまりを聞く。すると，ノートを見返す子どもがいる。教師はすかさず「すごいね，○○さんはノートをパッと開いて確かめています。」とその子の行動を取り上げ，広げていく。

### ❷二つの話を聞き引用の効果を確かめる

どっちがなるほどと思いましたか？

他の人も同じことを言っているのなら，本当かなと思ったよ。

教師が，同じ内容の二つの文章を示す。一つは，引用をしない文章，もう一つは，他の文章から引用した文章にする。「どっちがなるほどと思いましたか？」と聞き，引用したほうが説得力を増すことを確認し，引用の効果について押さえておく。

| 本時の目標 | ・引用して，文章を書くことができる。 | 本時の評価 | ・引用して，文章を書いている。 |
|---|---|---|---|

## 引用するとき
### 引用して文章を書こう

引用があるとき　なっとく！　ほかの人も言っているんだ！

引用がないとき　本当にそうなの？

「こまを楽しむ」から引用して、きょうみをもったこまの遊び方をしょうかいしよう

*p.91上段

❸「こまを楽しむ」から遊び方を一つ選ぶ

「こまを楽しむ」から引用して、簡単な文章を書いていきましょう。

私は、「ずぐり」がおもしろいと思ったので、「ずぐり」についての文章を書きたいな。

「引用は相手をなるほどと思わせるときに使える技です。引用して文章を書く練習をしましょう。」と言ってはじめる。教科書にも例示されているように，既習の説明文「こまを楽しむ」から興味をもった遊び方を一つ選び，引用する文章を書く。「興味をもったこまの遊び方を紹介しよう」というテーマを設定する。

❹「引用するところ」を書き留めておく

興味をもったこまの遊び方を記録しておきましょう。

そのまま書き写さないとね。

説明文を読み返し，紹介するこまが決まったら，どんな遊び方をするのかをペアで話しながら整理する。

そのうえで，引用する文を書き留めておく。その際，教科書 p.91を参考にしながら書き留めるようにする。

第2時　153

#  ［じょうほう］引用するとき

準備物：黒板掲示用資料

## ●子どもが文章を書いている時は

子どもが文章を書いている時，教師は何をしているでしょうか。「見回って，ほめていく」「困っている子のところへ行って助言する」など，様々な方法があります。「心配な人，先生のところへおいで」という，先生のアドバイスコーナーを設けることもできます。間違えて書いていて，後で大きなやり直しをしないといけなくなるよりも，細かく見てあげて，少しずつ訂正できるようにしたほうが子どもたちのやる気を削ぎません。アドバイスコーナーはそういった効果もあります。子どもが作業している時に，教師がどのような動きをするかで，子どもたちの学習効率は大きく左右されていきます。授業者が子どもの実態や教材の特性に合わせて考えていくことは非常に大事な心がまえでもあります。

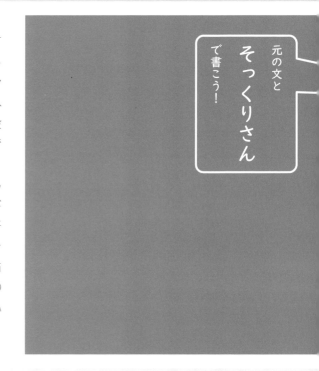

元の文と**そっくりさん**で書こう！

### ❶「こまを楽しむ」から引用し文章を書く

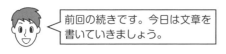

前回の続きです。今日は文章を書いていきましょう。

「こまを楽しむ」の説明文を読んだことのない人に，そのこま（自分が選んだこま）の面白さが伝わるように書くよう，声をかける。

### ❷正しく引用されているか確かめる

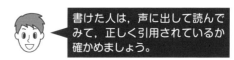

書けた人は，声に出して読んでみて，正しく引用されているか確かめましょう。

まずは自分で読み返し，正しく引用されているのかを確かめる。その後，友達と交換して読み合い，正しく引用されているのかを確かめる。教科書 pp.90-91を参考にしながら確かめるようにしていく。

| 本時の目標 | ・引用して，文章を書くことができる。 | 本時の評価 | ・引用して，文章を書いている。 |

## 引用するとき
### 引用して文章を書こう

「こまを楽しむ」から引用して、きょうみをもったこまの遊び方をしょうかいする

*p.90下段

❸ 出典を書く

出典を文章の最後に書いていきます。

出典の書き方も，教科書に書いていたね。

　文章の最後に，出典を書いていく。出典は皆同じになるので，一緒のタイミングで書くようにしてもよい。

❹ 単元の学習を振り返る

この単元の学習を振り返ります。

勝手に人の文章を使ってはいけないことが分かりました。

引用の仕方にはきまりがあることも分かりました。

　この学習で新しく知ったこと，できるようになったことなどを，ノートに書き発表していく。
　今後，学校図書館などの資料を扱う際も，「引用」「出典」に対して，敏感になるようにと，締めくくりたい。

# 仕事のくふう，見つけたよ／[コラム] 符号など

**12時間**

## **1** 単元目標・評価

・段落の役割について理解することができる。(知識及び技能(1)カ)
・比較や分類の仕方，必要な語句などの書き留め方，引用の仕方を理解して使うことができる。(知識及び技能(2)イ)
・相手や目的を意識して，身の回りの施設・お店から書くことを選び，集めた材料を比較したり分類したりして，伝えたいことを明確にして報告する文章を書くことができる。(思考力，判断力，表現等B(1)ア)
・文章に対する感想や意見を伝え合い，自分の文章のよいところを見付けながら，報告する文章を書くことができる。(思考力，判断力，表現等B(1)オ)
・言葉がもつよさに気付くとともに，幅広く読書をし，国語を大切にして，思いや考えを伝え合おうとする。(学びに向かう力，人間性等)

| 知識・技能 | 段落の役割について理解している。((1)カ)<br>比較や分類の仕方，必要な語句などの書き留め方，引用の仕方を理解して使っている。((2)イ) |
|---|---|
| 思考・判断・表現 | 「書くこと」において，相手や目的を意識して，身の回りの施設・お店から書くことを選び，集めた材料を比較したり分類したりして，伝えたいことを明確にして報告する文章を書いている。(B(1)ア)<br>「書くこと」において，文章に対する感想や意見を伝え合い，自分の文章のよいところを見付けながら，報告する文章を書いている。(B(1)オ) |
| 主体的に学習に取り組む態度 | 内容の中心が明確になるよう，文章の構成の工夫を考え，学習の見通しをもって，調べたことを報告する文章を書こうとしている。 |

## **2** 単元のポイント

### 言語活動

　本単元では，「仕事ブックで報告しよう」という言語活動を中心に位置付けている。書こうとすることの中心を明確にし，目的や必要に応じて身近な事柄から題材を見付けていく。文章を構成する時に，読み手にも分かりやすい文章を書くことを意識させていきたい。

156　仕事のくふう，見つけたよ／[コラム] 符号など

## 3 学習指導計画（全12時間）

| 次 | 時 | 目標 | 学習活動 |
|---|---|---|---|
| 一 | 1 | ・学習の必要感と見通しをもって学習計画を考えようとする。 | ○仕事ブックで報告する学習計画を立てる。<br>・仕事の種類と内容について交流する。<br>・仕事ブックのイメージをつかむ。<br>・仕事ブックの書き方のイメージをつかむ。<br>・単元の学習計画を立てる。 |
| | 2 | ・報告する文章の書き方のイメージをつかむことができる。 | ○報告する文章の書き方について考える。<br>・本文に書かれていることを分析する。<br>・報告する文章の文末表現を分析する。<br>・報告する文章の内容について考える。<br>・谷口さんの文章の工夫点について考える。 |
| 二 | 3・4 | ・仕事ブックの題材を決め，必要な情報を収集することができる。 | ○仕事ブックの題材を決め，材料を集める。<br>・仕事ブックで知りたいことを考える。<br>・仕事ブックで報告したい仕事を考える。<br>・報告したい仕事とその理由について考える。<br>・図書室の本を調べ，仕事カードを書く。 |
| | 5 | ・仕事ブックに関して集めた材料を分類し，共通点や相違点について考えることができる。 | ○集めた材料の共通点や相違点を考える。<br>・仕事カードの分類の仕方を考える。<br>・仕事カードを分類し，交流する。<br>・仕事カードの共通点・相違点について考える。<br>・参考となる分け方や理由をメモする。 |
| | 6 | ・仕事ブックで報告する文章の構成をとらえることができる。 | ○仕事ブックでの文章の構成について考える。<br>・文章の組み立てメモの書き方を考える。<br>・組み立てメモの役割を考える。<br>・報告する文章の組み立てメモを書く。<br>・組み立てメモを読み合って，交流する。 |
| | 7 | ・符号の意味や使い方を理解できる。 | ○符号の意味や使い方を理解する。<br>・句読点の意味や使い方について考える。<br>・中点等の意味や使い方について考える。<br>・かぎの意味や使い方について考える。<br>・横書きの書式について考える。 |
| | 8・9 | ・仕事ブックで報告する文章の構成をもとに，報告する文章の下書きを書くことができる。 | ○構成を考え，仕事ブックの下書きを書く。<br>・下書きの書き出しの書き方を考える。<br>・組み立てメモをもとに下書きを記述する。<br>・「調べた理由」の段落の記述を交流する。<br>・下書きを完成させる。 |
| | 10・11 | ・仕事ブックで報告する文章の下書きを推敲し，清書することができる。 | ○下書きを読み合って推敲し，清書する。<br>・文章のよさや工夫点を考える。<br>・文章のよさや工夫点を交流する。<br>・自分の下書きを推敲する。<br>・下書きをもとに清書する。 |
| 三 | 12 | ・友達が書いた仕事ブックを読み合い，感想を書いて伝えることができる。 | ○仕事ブックで報告し合い，感想を交流する。<br>・メッセージカードの感想の書き方を考える。<br>・メッセージカードに感想を書く。<br>・仕事ブックを読み合い，感想を交流し合う。<br>・成長を実感できる振り返りをする。 |

# 1 | 仕事のくふう，見つけたよ

1/12時間
準備物：黒板掲示用資料

● 仕事ブックのイメージをつかむ

　仕事ブックのバッドモデルとグッドモデルを比較することで，「調べた理由・調べ方・調べて分かったこと気付いたこと・まとめ」などの観点を意識して文章を書いたらよいというような具体的なイメージをつかむことができます。また，学級全体でそのイメージの共有を図っていきます。

● 学習計画を立てる

　「材料を集める（題材の設定・情報の収集・内容の検討）」「文章の組み立てを考える（構成の検討）」「報告文を書く（考えの形成・記述）」「下書きを見直す（推敲）」「読み合って感想を伝え合う（共有）」など，本単元の学習計画を立てることで，学習の見通しをもつことができます。

```
学習計画
○材料を集める（題材のせっ定・じょうほうのしゅう集・内容のけんとう）
○文章の組み立てを考える（こうせいのけんとう）
○ほうこく文を書く（考えの形成・記じゅつ）
○下書きを見直す（すいこう）
○読み合って感想をつたえ合う（きょう有）
```

❶ 仕事の種類と内容について交流する

パン屋さんは，どんな仕事をするのでしょうか。

たくさん知っているよ！パンを焼くことだよ。

トッピングもしているよ。

　まず，「パン屋」「スーパーの店員」のような身近な仕事を提示することで，仕事の種類に興味をもたせたい。「パン屋さん（スーパーの人）は，どんな仕事をするのでしょうか？」と問う。「たくさん知っているよ！」という得意気な声が聞こえてきそうである。「パンを焼く」「パンにトッピングをする」（「品物を並べる」「レジでお金を受け取る」）など，学級全員で仕事内容の共有を図る。

❷ 仕事ブックのイメージをつかむ①

みなさんが，これから書く文章は，「パン屋さんは，おいしいパンを作っています」でよいですね。

それではだめだよ。

おいしく作るコツをお店の人に聞いて書いたほうがいいよ。

　仕事の報告が相手に伝わりにくい典型的なモデルを見せ，何がよくないのかについて考えさせる。「『パン屋さんは，おいしいパンを作っています。』だけでは，その仕事の工夫が分からないので，おいしく作るコツを書いたほうがいいと思う」など，仕事ブックをよりよくするための工夫について考えていくことが大切である。

| 本時の目標 | ・学習の必要感と見通しをもって，学習計画を考えようとする。 | 本時の評価 | ・学習の必要感と見通しをもって，学習計画を考えようとしている。 |
|---|---|---|---|

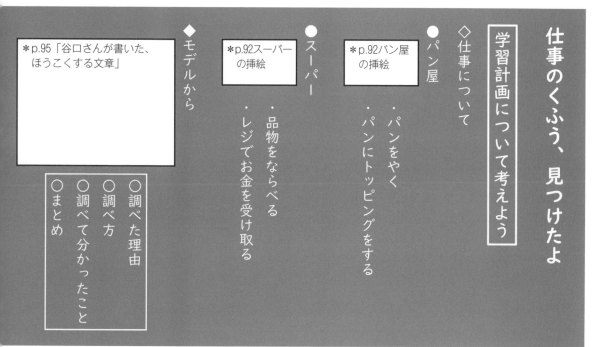

仕事のくふう、見つけたよ

学習計画について考えよう

◇仕事について

●パン屋
・パンをやく
・パンにトッピングをする
＊p.92パン屋の挿絵

●スーパー
・品物をならべる
・レジでお金を受け取る
＊p.92スーパーの挿絵

◆モデルから
＊p.95「谷口さんが書いた、ほうこくする文章」

○調べた理由
○調べ方
○調べて分かったこと
○まとめ

### ❸仕事ブックのイメージをつかむ②

このモデルはどうですか？

調べた理由が書かれているね。

調べて分かったことが詳しく書かれているね。インタビューの内容もあるね。

まとめがしっかりと書かれていたね。

　教科書 p.95のモデルのよさについて考えさせる。「調べた理由・調べ方・調べて分かったこと・まとめ」などの観点で報告されていることから，モデルがよい理由について考えることができる。モデルのよさを考えることで，自分たちが「仕事ブック」を報告する時に生かすことができる。

### ❹単元の学習計画を立てる

どのように学習を進めていきますか？

いきなり仕事ブックを書くのは難しいから…。

まずは，書きたいことを集めることからはじめようかな…。

書きたいことを決めなければならないね。

　学習計画を決める際，子どもたちの興味・関心も受け入れながら決めていくようにしたい。ただし，子どもの思考を大切にしつつも，「題材の設定・情報の収集・内容の検討」→「構成の検討」→「考えの形成・記述」→「推敲」→「共有」等の単元の流れを子どもたちと共有していく。

# 仕事のくふう，見つけたよ

**2 / 12時間**

準備物：黒板掲示用資料

● モデルの文章を分析する

　「調べた理由」「調べ方」「調べて分かったこと」「まとめ」などとモデルの文章に書かれていることを分析することで，自分が報告する文章を書く時の「構成」をイメージすることができる。これらの気付きを学級の共有財産にし，自分たちが書く「仕事ブック」に生かしていこうという意識を高めていきます。

● 報告する文章の文末表現を分析する

　「調べることにしました」「見学をしました」「うかがいました」「読みました」「そうです」「おっしゃっていました」「おどろきました」などの文末表現に着目することで，報告する文章に書くべきポイントが見えてきます。

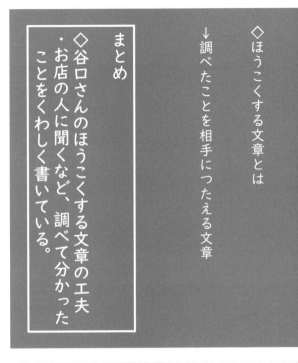

◇ほうこくする文章とは
　→調べたことを相手につたえる文章

◇谷口さんのほうこくする文章の工夫
・お店の人に聞くなど，調べて分かったことをくわしく書いている。

まとめ

❶本文に書かれていることを分析する

谷口さんの報告する文章を読んでみましょう。それぞれの段落には，どんなことが書かれていますか？

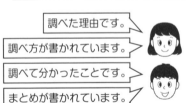

　報告する文章の書き方のイメージをつかむために，谷口さんの報告する文章を分析する。それぞれの段落には，どんなことが書かれているのかを考えることで，自分が報告する文章を書く時の「構成」をイメージすることができる。例えば，「調べた理由」「調べ方」「調べて分かったこと」「まとめ」などという意見が出てきたら，板書に位置付け，学級全員で共有していく。

❷報告する文章の文末表現を分析する

谷口さんの報告する文章の「終わり」（。の前）の表現はどのように書かれていますか？

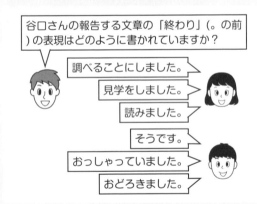

　報告する文章の文末表現を分析することは，報告する文章の書き方のイメージをさらにつかむための手立てである。谷口さんの報告する文章の文末表現を見ていくと，「調べることにしました」「見学をしました」「読みました」「おっしゃっていました」などとなる。その中で，特に相手に報告する時には，「調べました」などの文末表現を使うとよいことを気付かせていきたい。

| 本時の目標 | ・報告する文章の書き方のイメージをつかむことができる。 | 本時の評価 | ・報告する文章の書き方のイメージをつかんでいる。 |
|---|---|---|---|

## 仕事のくふう、見つけたよ

ほうこくする文章の書き方を考えよう

◇谷口さんのほうこくする文章

① 調べた理由
② 調べたこと
③ 調べて分かったこと
④ まとめ

*p.95「谷口さんが書いた、ほうこくする文章」

◇谷口さんのほうこくする文章の文末
「調べることにしました」「見学をしました」
「うかがいました」「読みました」
「そうです」「おっしゃっていました」
「おどろきました」

### ❸ 報告する文章の内容について考える

教科書のモデルの文章は、どのようなことを報告している文章でしょうか？

調べたことを相手に伝える文章だよ。だってね、さっきの学習では、文章の「終わり」に「調べることにしました」「おっしゃっていました」などの言葉があったからだよ。

「教科書のモデルの文章は、どのようなことを報告している文章でしょうか？」と問うことで、❷の文末表現に着目する学習を生かすと、「調べたこと・聞いたことを相手に報告する文章だよ」などの発言が予想される。❷の学習と関連付けて、「調べることにしました」「おっしゃっていました」などの文末表現に着目したからこそ、報告する文章の書式が見えてくる。

### ❹ 文章の工夫点について考える

谷口さんの文章で工夫しているなと感じるところは、どんなところですか？

施設やお店の人に聞くなど、調べて分かったことなどを詳しく書いている。

「調べた理由」「調べ方」「調べて分かったこと」「まとめ」の4つの段落で分かりやすく書いているね。

教科書のモデルの文章のよさを自分の報告する文章にも生かしていきたい。「施設やお店の人に聞くなど、調べて分かったことを詳しく書いている」「『調べた理由』『調べ方』『調べて分かったこと』『まとめ』の4つの段落で分かりやすく書いているね」などの工夫点について考えることができるとよい。子どもたちの意見を価値付け、「構成の検討」の学習過程へとつなげていきたい。

# 仕事のくふう，見つけたよ

3・4 12時間

準備物：付箋（赤と青），仕事カード（Ａ４の８分の１程度の大きさ），黒板掲示用資料

●**読み手が知りたい情報を考える**

　読み手が知りたい情報を考えることで，書き手としての「書きたいこと」「書いたらよいこと」が見えてきます。例えば，「レストランの仕事について知りたい」「看護師さんの仕事について知りたい」「電気屋さんの仕事を知りたい」などという意見が出てきたら，学級の共有財産にし，自分たちが書く「仕事ブック」に生かしていこうという意識を高めていきます。

●**報告したい仕事とその理由を考える**

　「報告したい仕事とその理由を考えること」は，報告する文章を書く時の中心となる事柄です。伝えたいことが明確になると，文章を「構成」しやすくなります。

❶**仕事ブックで知りたいことを考える**

　仕事ブックを書く前に，「自分が仕事ブックの読み手だったら，どのようなことを知りたいのか」を考えることで，自分が仕事ブックを書く時に，生かせるようにする。例えば，「レストランでは，おいしい料理を作ること以外にどんな仕事があるのか知りたいです」などの意見が出てきたら，板書に位置付け，学級全員で共有していく。

❷**仕事ブックで報告したい仕事を考える**

　仕事ブックで報告したいことはどんなことなのかを考えさせる。学習過程の「題材の設定」に取り組むために，付箋に自分の報告したいことを記述する。その際，赤の付箋には，自分が一番報告したいことを，青の付箋には，その他報告したいことを記述する。

| 本時の目標 | ・仕事ブックの題材を決め，必要な情報を収集することができる。 | 本時の評価 | ・仕事ブックの題材を決め，必要な情報を収集している。 |
|---|---|---|---|

## 仕事のくふう、見つけたよ

仕事ブックで書く内ようの見通しをもち、書く内ようを調べよう

◇読み手として知りたいこと
・レストランの仕事の内よう・くふう
・かんごしさんの仕事の内よう・くふう
・電気屋さんの仕事の内よう・くふう

◇ほうこくしたいことをふせんに書く
○一番ほうこくしたいこと→赤のふせん
○その他ほうこくしたいこと→青のふせん

◇○○の仕事の内ようや○○の仕事のくふうについてきょう味があるから！

### ❸報告したい仕事と理由について考える

なぜ、○○の仕事を報告したいのですか？

私は、○○の仕事の内容や○○の仕事の工夫について興味があるからです。

「なぜ、○○の仕事を報告したいのですか？」と報告したい理由を問うことで、報告する文章を書く時の中心となる事柄について考えることができる。「私は、○○の仕事の内容や○○の仕事の工夫について興味があるからです」という考えの子どもは、仕事の工夫という視点で、「情報の収集」の活動をしていく。❹の調べる活動にもつながっていく。

### ❹図書室の本を調べ，仕事カードを書く

学級文庫や図書室の本でどんなことを調べたいですか？

ぼくは、○○の仕事の詳しい内容や○○の仕事の工夫を調べたいです。

カード

❸の学習で、報告したい仕事とその理由について考えているので、スムーズに調べたいことを考えることができると思われる。「ぼくは、○○の仕事の詳しい内容や○○の仕事の工夫を調べたい」という考えの子どもを価値付ける。また、思うように調べる活動が進まない子どもには、「例えば、○○という本のp.○を見るといいよ」とアドバイスをすることも必要になってくるかもしれない。

# 仕事のくふう，見つけたよ

5 / 12時間

準備物：仕事カード（教師のモデル掲示用，第3・4時で書いたもの）

● 仕事カードの分類の仕方を考える

　教師のモデル提示の仕事カードを分類する→自分たちの仕事カードを分類するというような段階を踏んでいきます。「分かったこと」「考えたこと」など，子どもたちが見付けた観点を価値付け，学級の共有財産にしていきます。また，自分たちが書く報告する文章である仕事ブックに生かしていこうという意識を高めていきます。

● 報告したいカードの共通点・相違点を考える

　「分かったこと」「考えたこと」という共通点があっても，「インタビュー」「本」「インターネット」などの調べ方の相違点があるかもしれません。それぞれの調べ方の長所を生かし，相手に伝わるような報告文を書くことにつなげていきます。

> ◇仕事カードのにているところとちがうところ
> ○にているところ
> 　→分かったこと・考えたこと
> ○ちがうところ
> 　→インタビュー・見学・本・インターネット
>
> まとめ
> 　仕事のくふうを伝えるときには、見たり聞いたりして分かったことと、考えたこととのちがいをくらべつできるように、仲間分けするとよい。

❶ 仕事カードの分類の仕方を考える

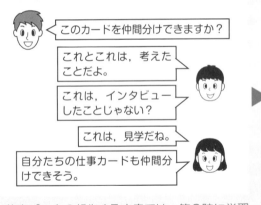

　仕事ブックの報告する文章では，第2時に学習したように，「調べた理由」「調べ方」「調べて分かったこと」「まとめ」の構成をもとにして記述していく。いきなり文章を記述するのではなく，ステップを踏んでいく。仕事ブックを書く前に分類をしておくことで，仕事カードの特徴をより具体的にとらえることができる。

❷ 仕事カードを分類し，交流する

　教師のモデル提示の分類の仕方を生かして，前時に図書館で調べて記述した自分の仕事カードを，分類する。「インタビューしたものと見学したもので分けたよ！」「分かったことと考えたことで分けたよ！」などの発言が予想される。子どもたちの言葉を板書に位置付け，学級の共有財産にしていく。

| 本時の目標 | ・仕事ブックに関して集めた材料を分類し、共通点や相違点について考えることができる。 | 本時の評価 | ・仕事ブックに関して集めた材料を分類し、共通点や相違点について考えている。 |

# 仕事のくふう、見つけたよ

## 仕事カードを仲間分けしてみよう

◇分かったこと
・お客さんがよく通るところに、おすすめの商品がおいてある。
・レジのそばには、あめやガムなどがおいてある。

◇考えたこと
・目につく場所にあると、つい手にとりたくなる。
・ならんでいるときに、買いわすれた人が買いやすいようにしているのだろうか。

◇インタビュー
・店長の木村さんに話をうかがった。
・「お客様がよく通る場所に、できるだけ広くおくようにして目立たせます。」

◇見学
・商品のならべ方のくふうについて、調べることにした。
・ひかりスーパーに行き、見学をした。

子どもたちのカードをいろいろな観点で分類する。

### ❸共通点・相違点について考える

自分が報告したい仕事カードの似ているところと違うところを探しましょう。

ぼくは、看護師の仕事についてを報告したいです。似ているところは、分かったことと考えたことが書いてあることで、違うことは、自分は直接聞いたけど、モデルのカードは見学して分かったことがあることです。

　自分が報告したい仕事カードの共通点・相違点について考える。「私は、看護師の仕事について報告したいです。カードの似ているところは、分かったことと考えたことが書いてあることで、違うことは、自分は直接聞いたけど、モデルのカードは見学して分かったものがあることです。」などの意見を価値付け、学級全体で共有する。

### ❹参考となる分け方や理由をメモする

友達の分け方やその理由で参考になった意見はありますか？

仕事によって細かな工夫が違うという意見が参考になったよ。

調べたことと考えたことを分けていたことがなるほどと思ったよ。

　仕事カードの共通点・相違点に関して、参考になったことをメモしていきたい。参考になった意見をメモできるということは、仕事カードの共通点・相違点をとらえることができているといえる。仕事カードの共通点・相違点をとらえる学習を行うことで、「題材の設定・情報の収集・構成の検討」→「構成の検討」の学習過程がスムーズに進んでいくと考えられる。

# 6 仕事のくふう，見つけたよ
12時間

準備物：仕事カード（第3・4時で書いたもの）

● 組み立てメモの書き方を考える

組み立てメモは，仕事ブックの骨格になるので，短く箇条書きで書くとよいことを押さえます。谷口さんの文章を「調べた理由」「調べ方」「調べて分かったこと」「まとめ」の観点に沿って，短く箇条書きで組み立てメモとして記述していきます。自分の仕事ブックの組み立てメモにも生かすことができます。

● 組み立てメモの活用

谷口さんのモデルの文章を使って考えた組み立てメモの書き方を，自分の組み立てメモを書く場面で，いかに活用することができるのかという視点をもたせることができるとよいでしょう。

> 仕事ブック完成に向けて組み立てメモをならべることで、仕事ブックにつなげていくことができる。
>
> ◇まとめ
> ・おすすめ品を目立たせるために商品をおく場所や広さを考えていることに、おどろいた。
> ・お店の人のくふうをさがしながら買い物したい。

## ❶ 文章の組み立てメモの書き方を考える

「谷口さんが書いた，報告する文章の組み立てメモの書き方を考えてみましょう。」

「「調べた理由」「調べ方」「調べて分かったこと」「まとめ」を書くんだよね。」

「短く，箇条書きで書いたらいいよね。」

「調べ方は，「施設・店の人に聞く」のように書くといいんじゃないかな？」

教科書 p.95「谷口さんが書いた，ほうこくする文章」をもとに組み立てメモの書き方を考える。谷口さんの報告する文章は，「調べた理由」「調べ方」「調べて分かったこと」「まとめ」が記述されている。組み立てメモは，仕事ブックの骨格になるので，短く箇条書きで書くということを押さえる。谷口さんの報告する文章からメモの構成を考えることで，自分の組み立てメモにも生かすことができる。

## ❷ 組み立てメモの役割を考える

「自分が報告したいことを書いた仕事カードの内容を，そのまま組み立てメモに書けば大丈夫ですね？」

「それはだめだよ。」

「仕事カードの内容は，調べて分かったことに書くんだよ。」

「自分が報告したいことを書いた仕事カードの内容をそのまま組み立てメモに書けば大丈夫ですね」とゆさぶる。組み立てメモは，文章全体の骨格になり，仕事カードはその一部になるという役割の違いを意識させたい。そうすることで，仕事カードを生かして，構成メモを記述することができようになる。

166　仕事のくふう，見つけたよ／［コラム］符号など

| 本時の目標 | ・仕事ブックで報告する文章の構成をとらえることができる。 | 本時の評価 | ・仕事ブックで報告する文章の構成をとらえている。 |

## 仕事のくふう、見つけたよ

### 組み立てメモの書き方について考えよう

◇ポイント
・短く書く。
・かじょう書きで書く。

◇調べた理由
・買い物をたのまれて、スーパーマーケットに行く。
・どのように商品をならべるのかが気になる。

◇調べ方
・ひかりスーパーでの見学。
・店長の木村さんの話を聞く。
・本を読む。

◇調べて分かったこと
・お客さんがよく通る場所に、できるだけ広くおくようにして目立たせる。

---

❸ 報告する文章の組み立てメモを書く

仕事の工夫について報告する文章の組み立てメモを書いてみましょう。

「調べたきっかけや理由」「調べ方」「調べて分かったこと」「まとめ」を書くんだよね。

短く、箇条書きで書いたらいいよね。

モデルを生かすと書きやすいね。

❹ 組み立てメモを読み合い、交流する

書いた組み立てメモを読み合って、交流しましょう。

短く箇条書きで書けていていいね。

これなら、報告する文章を書けそうだね。

▶ 谷口さんの文章の構成メモを参考にして「調べた理由」「調べ方」「調べて分かったこと」「まとめ」の観点に沿って、短く箇条書きで構成メモを記述していく。手が止まってしまう場合には、進んでいる友達の構成メモを参考にしながら、自分が報告したいことを記述していくとよい。

▶ お互いの構成メモのよさや改善点について交流する。友達のよさから、自分自身の構成メモを改善し、より精度の高いものにしていきたい。「早くみんなに報告したいな！」「最初は書き方がよく分からなかったけど、きちんと書けたと思う」というような前向きな気持ちで下書きに向かわせていきたい。交流してよくなった記述を見付けて、価値付けていきたい。

第6時 167

# [コラム] 符号など

**7/12時間**
準備物：なし

### ●符号の意味や使い方を考える

「句読点とは，『、』のこと？『。』のこと？」というように，はっきりと符号の意味をとらえることができないということがないように，「丸『。』が句点，点『、』が読点，合わせて『句読点』」など学習用語の定義を押さえていきます。また，読点は，文の中の意味の切れ目に打って文を読みやすくするという使い方を，例文をもとに考え，その後の記述につなげていきます。

### ●符号の学習に必要感をもたせる

本時では，符号の意味や使い方を学習します。「この学習が本単元の下書き・清書，さらに日常の文章を書くことにも生かすことができる！」という必要感をもたせましょう。

> ○横書きのルール
> ①左から右に書く
> ②読点として，コンマ（，）を使う
> ③算用数字を使う
> ④「一つ」「二日間」などは漢数字を使う

### ❶句読点の意味や使い方について考える

- 句読点が何か知っていますか？
- 「、」のこと？「。」のこと？
- 丸「。」が句点，点「、」が読点だよね。
- 丸「。」が句点，点「、」が読点，合わせて「句読点」と言うんだよ。

報告する文章を書くためには，句読点は大切な学習になる。まず，学習用語の意味と使い方をとらえさせる。「丸『。』が句点，点『、』が読点，合わせて『句読点』と言うんだよ」など学習用語の定義に関する発言を取り上げ，「句点」「読点」「句読点」の意味を確認する。また，読点は，文の中の意味の切れ目に打って文を読みやすくするということを，教科書の例文をもとに考えていく。

### ❷中点等の意味や使い方について考える

- この符号は，どのような意味ですか？
- 「・」は，「タンポポとオオバコとシロツメクサ」のように，ひらがなの「と」「や」のような意味だと思う。
- 「─」は，「辺─図形を作る直線」のように，説明をする時に使うよね。

報告する文章を書く時に，「中点」や「ダッシュ」などの符号を使用する頻度が，他の作文と比較して多い。中点は，言葉を並べる場合に使う。また，ダッシュは，説明を補う場合，言いきりにせず，途中で止める場合に使うことを，教科書の例文を通して確認したい。中点やダッシュの使い方の学習を生かして，下書きを記述していく。

| 本時の目標 | ・符号の意味や使い方を理解できる。 | 本時の評価 | ・符号の意味や使い方を理解している。 |
|---|---|---|---|

## 符号など

### 符号の意味と使い方について考えよう

○句点→丸（。）
・文の終わりにうつ
○読点→点（、）
・文の中の意味の切れ目にうち、文を読みやすくする
○句読点→句点と読点を合わせたもの

○中点（・）→言葉をならべる場合
○ダッシュ（―）
①せつめいをおぎなう場合
②言い切りにせず、とちゅうで止める場合

○かぎ「　」
①会話
②書名・題名
③思ったこと
④とくにほかの文と分けたい言葉や文をしめす場合

❸かぎの意味や使い方について考える

❹横書きの書式について考える

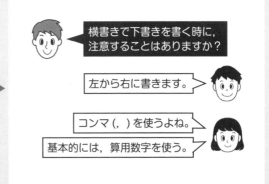

　かぎ（「　」）は，おそらくどの子も報告する文章に使うことになるだろう。①会話　②書名・題名　③思ったこと　④特に他の文と分けたい言葉や文を示す場合　という使い方の共通理解を図っていく。また，子どもたちに，使い方のモデルを示すことも考えられる。特に，4点の使い方を意識して，下書きを記述していけるようにする。

　「左から右に書きます。」「コンマ（,）を使うよね。」「基本的には，算用数字を使う。」等の横書きの際に注意することを考えることができた子どもたちの発言を価値付けていく。また，基本的には，算用数字を使用するが，「一つ」「二日間」などは，漢数字を使うという書き方も例文を通して確認していく。横書きの書式の学習を生かして，下書きを記述していく。

# 仕事のくふう，見つけたよ

**8・9 / 12時間**

準備物：仕事カード（第3・4時で書いたもの），組み立てメモ

## ●下書きの書き出しの書き方を考える

　教科書のモデルの文章の書き出しの書き方を参考にさせます。教科書のモデルの文章の書き出しは「わたしは，買い物をたのまれて，よくスーパーマーケットに行きます。」となっています。調べたきっかけにつながる文章を書くとよいということをとらえさせていきましょう。

## ●組み立てメモをもとに下書きを記述する

　「調べた理由」「調べ方」「調べて分かったこと」「まとめ」などという「構成」に着目したり，「調べることにしました」「うかがいました」などの文末表現にも着目したりしていきます。また，教科書のモデル文のよさを生かしたり，仕事カードを参考にしたりして書いていきます。

◇「調べたきっかけや理由」の段落
・書き出しが，調べたきっかけにつながっている。
・調べたきっかけや理由がよく分かる。

◇下書きを完成させる。

## ❶下書きの書き出しの書き方を考える

最初の「書き出し」の書き方を考えましょう。教科書のモデルの文章は「わたしは，買い物をたのまれて，よくスーパーマーケットに行きます。」になっていますね。

あ，分かった，調べたきっかけにつながる文章を書くといいのか。

　仕事カードと組み立てメモはできているが，いざ文章を書き出す時になると，書き出しが難しい。何も指示を出さずに書く作業をさせると，手が止まってしまう子どもが出る可能性があるので，丁寧に，教科書のモデルの文章の書き出しの書き方を参考にさせる。身の回りのことなど，調べたきっかけにつながる文章を書くとよいということをとらえていきたい。

## ❷組み立てメモをもとに下書きを記述する

組み立てメモを生かして，下書きを書いてみましょう。

「調べた理由」「調べ方」「調べて分かったこと」「まとめ」という「構成」だよね。

調べて分かったことのところは，仕事カードを参考にして書こうかな。

　「調べた理由」「調べ方」「調べて分かったこと」「まとめ」などという「構成」に着目して書いていきたい。また，「調べることにしました」「うかがいました」「おっしゃっていました」などの文末表現にも注意していきたい。さらに，教科書のモデル文や仕事カードを参考にし，施設・お店の人に聞くなど，調べ分かったことを詳しく書いていくとよい。

| 本時の目標 | ・仕事ブックで報告する文章の構成をもとに，報告する文章の下書きを書くことができる。 | 本時の評価 | ・仕事ブックで報告する文章の構成をもとに，報告する文章の下書きを書いている。 |

## 仕事のくふう、見つけたよ

### 下書きの書き方を考えよう

◇ 書き出しの書き方
・身の回りのことなど、調べたきっかけ・理由につながる文章を書く。

◇ 組み立てメモを見て、下書きを書く。

◇ 構成
「調べたきっかけや理由」「調べ方」
「調べて分かったこと」「まとめ」

◇ 文末表現
「調べることにしました」「うかがいました」
「おっしゃっていました」

◇ モデル文を生かす
◇ 仕事カードを参考にする
◇ 符号のつけ方を考える

---

❸「調べた理由」の段落の記述を交流する

最初の「調べた理由」の段落を読み合って、交流しましょう。

書き出しが、調べたきっかけにつながっているね。

調べたきっかけや理由がよく分かるよ。

❹ 下書きを完成させる

最初の段落は、書けているようですね。下書きを完成させましょう。

調べたきっかけや理由の段落はバッチリだね。

次は、調べ方の段落だよ。

調べて分かったことは、詳しく書かないとね。

---

構成メモを参考にして記述した、最初の「調べた理由」の段落の書き方を交流する。構成メモをもとに文章化していく作業がきちんとできているのかということを全体で確かめるために、一つの段落に限定して確認していく。最初の段落が、構成メモをもとに文章化することができれば、後の段落についてはスムーズに下書きが進んでいくはずである。

「構成」「文末表現」「分かりやすい表現」などの観点を生かして、下書きを完成させていく。また、「符号」の付け方も生かして、下書きを記述していく。❸の学習過程の交流をもとに改善した記述を見付けて、価値付けていきたい。手が止まってしまう子どもには、組み立てメモや仕事カードを一緒に見て、アドバイスをしながら取り組んでいくようにする。

第8・9時　171

# 仕事のくふう, 見つけたよ

**10・11 / 12時間**
準備物：なし

● **報告する文章のよさや工夫点を考える**

「調べた理由」「調べ方」「調べて分かったこと」「まとめ」などという「構成」、「調べることにしました」「うかがいました」「おっしゃっていました」などの「文末表現」、「分かりやすい表現」、「モデルを生かした表現」など単元を通して学習してきたことを、よさや工夫点としてとらえていけるとよいでしょう。また、一人一人がとらえたよさや工夫点を交流し、推敲につなげていきましょう。

● **下書きを推敲する**

仕事ブックをよりよくしたいという意識を高め、「誤字脱字」「符号」関係はもちろん、友達のよさや工夫点を自分の表現に取り入れて推敲できたらよいでしょう。

◇ 交流を生かして、よりよく「ほうこくする文章」（仕事ブック）を直してみよう。
◇ よいところ・直したところを生かして清書しよう。

## ❶ 文章のよさや工夫点について考える

よりよい仕事ブックにするために、お互いに下書きを読み合ってみましょう。

実際にインタビューして、分かりやすくまとめたんだね。

インタビューすると、より分かりやすくなるね。

「調べた理由」「調べ方」「調べて分かったこと」「まとめ」などという「構成」という観点でよさを考える子どもがいるだろう。また、「調べることにしました」「うかがいました」などの文末表現に着目する子どもや「施設・お店の人に聞くなど、調べて分かったことなどを詳しく書いている」など、教科書のモデル文のよさを生かして記述していることに気付く子どももいるだろう。

## ❷ 文章のよさや工夫点を交流する

友達の報告する文章のよいところや工夫しているところ、改善点を交流しましょう。

調べたきっかけや理由が詳しく書かれているね。

仕事カードを生かして、調べて分かったことをまとめていて分かりやすいよ。

単元の後半なので、根本的に全部直さなければならないという場合は少ないだろう。主に、「符号」、文章のねじれ、伝わりにくい表現等が、改善点の中心になるのではないかと考えられる。❶の学習過程で発見したよさや工夫点、例えば、「構成」「分かりやすい表現」などをたくさん見付けて、仕事ブックをさらによくするという意味でも、自分の表現に取り入れることができたらよい。

| 本時の目標 | 本時の評価 |
|---|---|
| ・仕事ブックで報告する文章の下書きを推敲し，清書することができる。 | ・仕事ブックで報告する文章の下書きを推敲し，清書している。 |

## 仕事のくふう、見つけたよ

よいところ・くふうしているところ・直したほうがよいところを交流しよう

◇よい点・工夫している点
○構成
　・「調べた理由」「調べ方」
　　「調べて分かったこと」「まとめ」
○文末表現
　・「調べることにしました」「うかがいました」
　　「おっしゃっていました」「知りました」
○分かりやすい表現
　・施設・お店の人に聞くなど、調べて分かったことなどを詳しく書いている

◇直したほうがよい点
　・調べて分かったことをもう少しくわしく書くとよい
　・符号
　・ご字だつ字
　・せつぞくし
　・文章のつながり

### ❸自分の下書きを推敲する

交流したことをもとに，自分の下書きを見直して，推敲してみましょう。

調べて分かったことのここの部分が分かりにくかったので，○○さんのアドバイスを生かして直してみよう。

あ，ダッシュがあったほうがいいね。

　「さっき，○○さんが言っていた△△をもう少し詳しく書いてみようかな」等の内容面に関すること，「確かに，○○さんが言うように順番を逆にした方がいいかもしれない」等の構成面に関することの大きく２点について推敲する。また，符号や誤字脱字，接続詞，文章のつながりについても同時に推敲する。友達の意見を取り入れながら推敲する姿を価値付けていきたい。

### ❹下書きをもとに清書する

推敲したことを生かして，清書しましょう。

ここに，読点が抜けていたから，しっかりと入れなければならないね。

さっき，推敲したところに気をつけて清書しよう。

　「早くみんなに紹介したいな！」「どんな感想をもらえるのか楽しみ！」「最初は書き方がよく分からなかったけど，けっこう上手に書けたと思う」というような前向きな気持ちで清書に向かわせていきたい。清書に今までの学習を生かすことができたという達成感・成就感を味わわせたい。推敲してよくなった記述を見付けて，価値付けていきたい。

# 12 仕事のくふう，見つけたよ

12時間
準備物：メッセージカード

●感想の書き方を考える

「自分だったら，どんな感想を書いてもらえるとうれしいのか」「自分だったら，どんな感想を書いてもらえると，仕事ブックを書いてよかったと思えるのか」を手がかりに感想の書き方を考えていきます。例えば，「報告してもらったメッセージを受け取ったよ」ということを表現できるようにしたいです。

●感想を書き，交流し合う

感想の書き方を考えた時に，みんなで共通理解を図った観点を意識して感想を書くようにします。そうすることで，本単元の達成感・成就感を味わうことができます。

◇「仕事のくふう、みつけたよ」の単元のふり返り
・仕事ブックを書いてよかった！
・仕事ブックのほうこくは楽しい！
・仕事ブックの書き方が分かった
・気持ちを分かってもらえてうれしい

❶感想の書き方を考える

自分だったら，どんな感想を書いてもらえるとうれしいですか？

自分だったら，どんな感想を書いてもらえると，仕事ブックを書いてよかったと思えますか？

○○が分かりやすいなど，自分が書いたことが相手に伝わったということだね。

導入で，自分がもらってうれしい感想の書き方に対する意識を高めたい。「自分だったら，どんな感想を書いてもらえるとうれしいですか？　仕事ブックを書いてよかったと思えますか？」という視点で考えるとよい。「○○が分かりやすいなど，自分が書いたことが相手に伝わったということだね。」など，「報告してもらったメッセージを受け取ったよ」ということを表現できるようにしたい。

❷メッセージカードに感想を書く

仕事ブックを読んだ感想をカードに書きましょう。

書きたいことがいっぱいあるよ。

どんな感想を書いてくれるのか楽しみだね。

例えば，❶で学習した「自分だったら，どんな感想を書いてもらえるとうれしいですか？　仕事ブックを書いてよかったと思えますか？」などの観点や「報告してもらったメッセージを受け取ったよ」ということを示すなどの観点を意識するとよい。手が止まってしまう児童には，❶で学習した発言などを想起させることで，メッセージカードの感想に取り組ませる。

本時の目標
・友達が書いた仕事ブックを読み合い，感想を書いて伝えることができる。

本時の評価
・友達が書いた仕事ブックを読み合い，感想を書いて伝えている。

# 仕事のくふう、見つけたよ

メッセージカードを書いて、感想を交流しよう

○「自分だったら、どんな感想を書いてもらえるとうれしいかな？」

○「自分だったら、どんな感想を書いてもらえると、仕事ブックを書いてよかったと思えるかな？」

「ほうこくしてもらったメッセージを受け取ったよ！」

◇メッセージカードに感想を書く。

◇感想を交流する。

「下書きを読んだ時よりも、分かりやすくなっているよ。」
「インタビューして分かったことの部分が、くわしくて分かりやすいです。」

## ❸感想を交流し合う

仕事ブックを読み合った感想を交流しましょう。

下書きを読んだ時よりも、分かりやすくなっているよ。

インタビューして分かったことの部分が、詳しくて分かりやすいです。

▶

## ❹成長を実感できる振り返りをする

仕事ブックを書く学習をしてみてどうでしたか？

最初は、書き方が分からなかったけど、モデルを見たり、みんなで話し合ったりして、仕事ブックの書き方が分かった。

感想に、○○さんが、分かりやすい表現だったと書いてくれてうれしかった。

「下書きを読んだ時よりも、分かりやすいね。」など、前と比べてよりよくなったということや「インタビューして分かったことの部分が、詳しくて分かりやすいよ。」など、内容面が充実していることなど、今までの学習を生かすことができたという達成感・成就感を味わわせたい。振り返りの場面では、教師からの価値付けはもちろん子ども同士でよさや工夫点を語り合えるとよい。

「最初は、書き方が分からなかったけど、モデルを見たり、みんなで話し合ったりして、仕事ブックの書き方が分かった」という内容面の振り返りや「感想に、○○さんが、分かりやすい表現だったと書いてくれてうれしかった」という意欲面の振り返りが出されるとよい。また、今までの学習を生かすことができたという達成感・成就感を味わわせたい。

第12時　175

# 夏のくらし

（2時間）

## 1 単元目標・評価

・夏の暮らしに興味をもち，語句の量を増やし，話や文章の中で使い，語彙を豊かにすることができる。（知識及び技能(1)オ）

・自分の経験や教科書から想像したことなどから書くことを選び，伝えたいことをはっきりさせることができる。（思考力，判断力，表現力等 B(1)ア）

・言葉がもつよさに気付くとともに，幅広く読書をし，国語を大切にして，思いや考えを伝え合おうとする。（学びに向かう力，人間性等）

| 知識・技能 | 夏の暮らしに興味をもち，語句の量を増やし，話や文章の中で使い，語彙を豊かにしている。（(1)オ） |
|---|---|
| 思考・判断・表現 | 「書くこと」において，自分の経験や教科書から想像したことなどから書くことを選び，伝えたいことをはっきりさせている。（B(1)ア） |
| 主体的に学習に取り組む態度 | 夏に関係する言葉を増やし，夏らしさが表れた文章を進んで書こうとしている。 |

## 2 単元のポイント

### 身に付けたい資質・能力

　「夏といえば」と問えば「○○」とすぐに答えが返ってくる。子どもたちは，今までの経験から夏と自分の生活をつなぐはずである。ただし，全員が，普段の生活の中で季節を感じ，心動かされる経験をしているとは限らない。そこで，学級で四季折々の行事などを表す言葉を集める活動をする。本単元でのねらいは，夏の暮らしを身の回りの生活とつないで語句の量を増やし，話や文章の中で使いながら語彙を豊かにすることである。

### 言語活動

　本単元の言語活動は，暮らしの中で，特に夏に関係する言葉を集め紹介し合い，実感を伴った語彙を増やし，出来事や思い，考えなどを短い文章で書くことである。子どもたちが日常生活の中で季節を感じやすい給食の献立表や地域の行事，家族との買い物などに着目し，「夏のくらし」に関係がある言葉を見付けたい。

## 3 学習指導計画（全2時間）

| 次 | 時 | 目標 | 学習活動 |
|---|---|---|---|
| 一 | 1 | ・夏の暮らしに興味をもち，語句の量を増やすことができる。<br>・経験や挿絵，詩を手がかりにして，夏に関係する言葉を増やすことができる。 | ○「夏を思いうかべる言葉を集めたい。」という学習課題を設定する。<br>・「夏」についてイメージをふくらませる。<br>・詩「はなび」をみんなで音読し，どんな様子がイメージできたか紹介する。<br>・暑い夏をのりきる工夫について知る。<br>・本時の振り返りと次時にすることを確認する。 |
| 二 | 2 | ・自分の経験や教科書から想像したことなどから夏の暮らしに興味をもち，語句の量を増やし，話や文の中で使い，語彙を豊かにすることができる。 | ○「身の回りで見つけた，夏を感じたものについて，文章を書きたい。」という学習課題を設定する。<br>・教科書p.98の例を参考にして，身の回りで見付けた，夏を感じたものについて，文章を書く。<br>・それぞれが作った文章を読み合う。<br>・季節に合った言葉を使うことで，語彙が増えたことを確かめる。 |

# 1／2時間　夏のくらし
準備物：黒板掲示用資料

●言葉から詩の中の場面を想像する

　短い時間で，詩や俳句などの内容を理解するための方法の一つとして，音読の後，「どんな様子が想像できましたか（見えましたか）？」「はじめに見えたものは何ですか？」「他にどんなものが見えましたか？」「そこは，どんな様子ですか？」「どこからどんな服装で花火を見てそうですか？」など，その場面が自然に想像できるよう問いかけます。そして出てきた言葉を，夏を想像させる（思い浮かべる）言葉として，黒板に書き留めていきます。そうすることで，教科書 p.99 の上の「縁側から花火を見る家族」の様子につながりをもたせ，さらに，夏を想像させる言葉を子どもたちの経験ともつなぎながら引き出していきます。

> ○食べたことあるかな？
> 　つめたくて
> 　のどごしがよい
>
> ＊p.99食べ物の挿絵
>
> 次は，夏らしさを表す文で表現してみたいな。

❶夏らしさを感じることを出し合う

生活の中で，夏らしさを感じることはありますか？

夏と言えば，暑いよなあ。

プールで泳ぐと夏って感じがするよね。
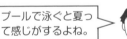

　今までの経験を中心に夏らしさを感じることを出し合う。学校生活の中にもたくさん経験してきたことがある。例えば，体育の時間のプールでの水泳や教室に扇風機を持ってきたことなど，学校生活の中にも季節の変化として経験していることがたくさんある。理由も聞きながら単元の導入としたい。

❷本時の学習課題を設定する

私たちも夏を感じる経験をたくさんしてきているなあ。

では，夏を思い浮かべる言葉を集めましょう。

まずは，自分で思い浮かんだ言葉をノートに書いてみたいな。

　「夏を思いうかべる言葉を集めたい。そして，集めた言葉を使って夏を表す文を書いて表現したい。」という学習課題を設定し，「夏」についてイメージをふくらませながら，みんなで言葉を出し合う。それぞれがノートに書き留めた後，全体交流を通して仲間の思いや考えを感じながら言葉を黒板にまとめていく。

178　夏のくらし

| 本時の目標 | ・夏の暮らしに興味をもち，語句の量を増やすことができる。<br>・経験や挿絵，詩を手がかりにして，夏に関係する言葉を増やすことができる。 | 本時の評価 | ・夏の暮らしに興味をもち，語句の量を増やしている。<br>・経験や挿絵，詩を手がかりにして，夏に関係する言葉を増やしている。 |
|---|---|---|---|

## 夏のくらし

夏といえば…
・あつい ・花火 ・夏休み ・川遊び ・プール ・アイス
・すいか ・かぶと虫 ・クーラー ・ゆかた

【夏を思いうかべる言葉を集めたい】

○詩 「はなび」
花火を見ている人たちの様子は？
あつい→うちわ　かき氷　むぎ茶

○あつい夏をのりきるくふう
ふうりん　あみ戸

＊p.99花火の挿絵とpp.98-99 居間の挿絵

### ❸詩から場面の様子を想像する

　ここでは，暑い夏をのりきる工夫についても気付かせたい。特に，「ふうりん」や「すだれ」については，夏に対するどんな工夫になっているのかヒントを出しながら気付かせたいものである。

### ❹夏に好まれる食べ物について知る

　挿絵で紹介されているものについては，子どもたちに，いつどこで，誰と，どのようにして食べたかなど詳しく話してもらうとよい。そうすることで，その時の様子と夏という季節感が結び付きますます語彙が豊かになっていく。

# 2 夏のくらし

**2時間**
準備物：黒板掲示用資料，短冊

● 書くことに苦手意識がある子には

　本時は，前時に集めた言葉を使って3〜4文程度の文章で，夏の暮らしを表現します。まずは，「いつ，どこで，誰と，何をしたのか」を書くよう指導します。次に「見たことや聞いたことなど」を書きます。そして，「自分が思ったことや感想など」を書いて3文の文章にしてみるよう声をかけます。こうすることで，書くことに苦手意識をもっている子にも文章の構成が分かり，読み手にも文章構成の意図が読み取りやすくなります。

● 「My　ナンバー1」を決める

　表現物は数ではありません。どれだけ作成者の思いが込められているかです。そして，その思いがどれだけまわりの仲間に伝わったかも大切にしたいものです。「My　ナンバー1」を決めることで書くことへのこだわりが生まれます。

> 今日、新しく出会った言葉
> ・夕すずみ　・のどがかわく
> ・水あび　・水やり
> ・入道雲　・自由研究
>
> これからもきせつの言葉を集めてみたいな。

❶ 本時の学習課題を設定する

　子どもたちは，前時の言葉見付けで，夏についてどんな文章を書こうかなと，なんとなく考えている。教師が「どんな文章が書けそうですか？」と発問した後，テンポよく子どもたちを指名して発言を求めていくことで，さらに思いがふくらんだりはっきりしたりする時間となる。

❷ 例を参考にして，文章を書く

> 先週、お母さんと夏休みの自由研究について話しました。今年は、おばあちゃんが育てているきゅうりを使っておいしいりょう理にちょうせんすることにしました。とても楽しみです。

> 土曜日に、お兄ちゃんと庭で水あびをしました。水着を着てしました。暑さがふきとんでいきました。

　ノートに一つ書けた子は，二つ，三つと書いていくだろう。みんなが書いている合間で，いくつか紹介する時間をとる。例文から押さえた「事実（したこと）」と「感想（思い，考え）」の書きぶりを教師が確認しながら紹介の時間を進めることで，その後の書くことへの集中も高まる。

| 本時の目標 | 本時の評価 |
|---|---|
| ・自分の経験や教科書から想像したことなどから夏の暮らしに興味をもち、語句の量を増やし、話や文の中で使い、語彙を豊かにすることができる。 | ・自分の経験や教科書から想像したことなどから夏の暮らしに興味をもち、語句の量を増やし、話や文の中で使い、語彙を豊かにしている。 |

## 夏のくらし

身の回りで見つけた夏を文章で表現したい

文章の構成（三文くらいの文章）

*p.98例文

○事実（したこと）
・体験したこと
・見つけたこと
・調べたこと　など

○感想（思い、考え）
・分かったこと
・気づいたこと
・思ったこと
・考えたこと　など

今年は、小学校での水泳学習がありませんでした。全国で、かんせんしょうが、流行してしまったからです。とてもざんねんだったけれど、命の大切さも分かりました。

### ❸書き上がった文章を読み合う

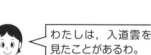

日曜日に、家族でキャンプに行きました。お母さんが空を指さして「入道雲があるよ。夏ね。」と言いました。青い空に雲がもこもこもり上がってきてびっくりしました。

入道雲ってどんな雲だろう。

わたしは、入道雲を見たことがあるわ。

　グループで読み合うことも考えられる。また、ノートを机の上に開き、席を離れて思い思いに人の作品に触れるのもよい。
　さらに、読み合った後、自分のお気に入りの作品は、手直しを加えて短冊に書いて掲示するよう準備しておくのもよい。その時、一番季節を感じると思う言葉に赤線を引かせておくと、また、関心が高まる。

### ❹単元の学習を振り返る

仲間と交流して、どんな言葉が印象に残っていますか。

大河さんの「水あび」、気持ちよさそうなので、お母さんに聞いてやってみようと思いました。

ひなたさんの「夕すずみ」が夏に関係した言葉だと知って、季節にかかわる名前も調べたいと思いました。

　今後も季節にかかわる言葉を調べてみたい、書き留めていきたいという意欲を高めて授業を終わりたい。また、次は、秋の暮らしだということも予告しておくとよいだろう。

本は友だち

# はじめて知ったことを知らせよう／鳥になったきょうりゅうの話

5時間

## ◢1 単元目標・評価

・図鑑や科学読み物が必要な知識や情報を得ることに役立つことに気付くことができる。（知識及び技能(3)オ）
・科学読み物から情報を得たことを，紹介文にまとめることができる。（思考力，判断力，表現力等 C(2)ウ）
・科学読み物の紹介文を読み合い，一人一人の感じ方の違いに気付くことができる。（思考力，判断力，表現力等 C(1)カ）
・言葉がもつよさに気付くとともに，幅広く読書をし，国語を大切にして，思いや考えを伝え合おうとする。（学びに向かう力，人間性等）

| 知識・技能 | 図鑑や科学読み物が必要な知識や情報を得ることに役立つことに気付いている。（(3)オ） |
|---|---|
| 思考・判断・表現 | 「読むこと」において，科学読み物から情報を得たことを，紹介文にまとめている。（C(2)ウ）<br>「読むこと」において，科学読み物の紹介文を読み合い，一人一人の感じ方の違いに気付くことができる。（C(1)カ） |
| 主体的に学習に取り組む態度 | 図鑑や科学読み物の面白さを感じ，読書の幅を広げようとしている。 |

## ◢2 単元のポイント

### 身に付けたい資質・能力

　３年生になり，理科の学習が始まる中で，自然科学への興味・関心が高まっているところである。図鑑や科学読み物に親しませたり，自分の読書生活を振り返ったりする中で，いつもは読まないジャンルの本にも興味をもつきっかけにし，読書の幅を広げていきたい。

### 言語活動

　「感想を書く」ということが苦手な子どもがいる。紹介文を書くことを通して，感想ってこんな内容で，こんな構成で書いたらよいんだよという一つのモデルになるようにしていきたい。

182　はじめて知ったことを知らせよう／鳥になったきょうりゅうの話

## 3 学習指導計画（全5時間）

| 次 | 時 | 目標 | 学習活動 |
|---|---|---|---|
| 一 | 1 | ・自分の読書生活を振り返り，読書のよいところについて考えることができる。 | ○自分の読書経験を振り返る。<br>○単元の学習の見通しをもつ。 |
| 二 | 2 | ・目次や索引について理解し，使うことができる。<br>・図鑑と科学読み物を比べて，それぞれの特徴を理解することができる。 | ○図鑑と科学読み物を比べ，それぞれの特徴を見付ける。<br>○図鑑の目次や索引を使う。 |
| | 3 | ・紹介文の書き方を理解することができる。 | ○紹介文の書き方を知る。<br>・「鳥になったきょうりゅうの話」を読む。<br>・感想を伝え合う。<br>・教科書の紹介文を参考にして，構成を考える。<br>・紹介文メモを書く。 |
| | 4 | ・構成に気をつけて，科学読み物の紹介文を書くことができる。 | ○紹介文を書く。<br>・書き終わったら，書いた紹介文を見直す。 |
| 三 | 5 | ・自分が選んだ科学読み物を紹介し，感想を伝え合うことができる。<br>・同じ読み物を読んでも，人によって感じ方が違うことに気付くことができる。 | ○書いた紹介文を友達と交流する。<br>・お互いに「読んでみたいなシート」を書き合う。<br>○これまでの学習を振り返る。 |

---

### 付箋を活用しよう

　75mm×75mmの付箋を半分に切って準備しておきます。このサイズが，適当な量を書くことができるサイズです。また，色分けしておくことで，何を書いたらよいのかが明確になり，書きやすくなります。付箋に書くことで，その量が視覚的にも分かるので，達成感がわきやすくなります。「もっと書きたい！」という意欲にもつながります。

# はじめて知ったことを知らせよう

1 / 5時間
準備物：図鑑と科学読み物

## ●読書生活を振り返る

3年生にもなると，読書生活も子どもたちによって様々です。それぞれの子どもの読書生活が一つ上のステージに上がるためには，振り返りが大事になってきます。この授業の中で，自分の読書生活を振り返って見つめ直し，より豊かな読書生活を支援していきたいものです。

## ●観点を示し，整理していく

「読書生活を振り返ろう」といっても，子どもたちは簡単に振り返れるものではありません。観点を示す必要があります。そして，観点ごとに発表させ，板書もYチャートを使って整理していきます。Yチャートで整理することで，矢印などを結んで子どもの発言を関連付けしやすくなります。

> 図かんや科学読み物を読んで、友だちにしょうかいしよう。

### ❶これまでの読書経験を振り返る

今日は，自分の読書生活を振り返っていきます。

これまでの読書の経験を振り返る。以下の三つの観点に絞ることにする。
①読書の好きなところ
②本の選び方
③よく読む本の種類

### ❷これまでの読書経験をノートに書く

この三つについて，ノートに書いていきましょう。

僕は歴史が好きだから，歴史の本をよく読んでいるよ。

私って，本はどうやって選んでいるかな？

観点を伝えた後，ノートに書かせていく。書けない子どもに対しては，「最近読んだ本は何？」など，具体的に問いかけながら書けるように促していく。

| 本時の目標 | ・自分の読書生活を振り返り，読書のよいところについて考えることができる。 | 本時の評価 | ・自分の読書生活を振り返り，読書のよいところについて考えている。 |
|---|---|---|---|

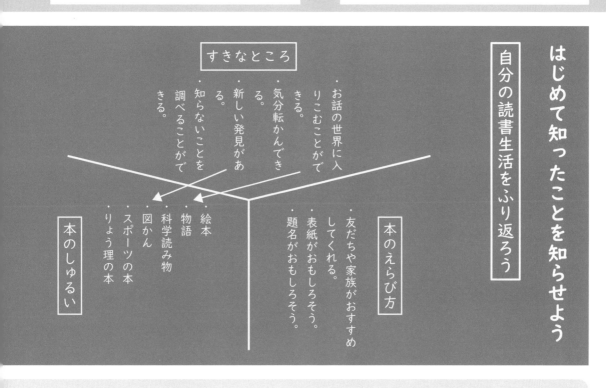

はじめて知ったことを知らせよう

自分の読書生活をふり返ろう

すきなところ
・お話の世界に入りこむことができる。
・気分転かんできる。
・新しい発見がある。
・知らないことを調べることができる。

本のえらび方
・友だちや家族がおすすめしてくれる。
・表紙がおもしろそう。
・題名がおもしろそう。

本のしゅるい
・絵本
・物語
・科学読み物
・図かん
・スポーツの本
・りょう理の本

❸ ノートに書いたことを交流する

まずは，①の読書の好きなところを教えてください。

お話の世界に入ることができるのが好きです。

ノートに書いたことを交流していく。観点ごとに発表させて，整理しながら板書していく。

❹ これからの学習の見通しをもつ

これからは，図鑑や科学読み物という種類の本を詳しく読んでいきます。

図鑑はよく読むよ。

図鑑とかはあまり読まないから，どんなものなのか楽しみだな。

「これから，図鑑と科学読み物を読んでいきます。そして，読んだ本を紹介し合います。これまでに読んだことのない種類の本も読んで，読書の幅を広げていけるとよいですね。」と締めくくり，学習の見通しをもたせていく。その後，1人に図鑑と科学読み物を1冊ずつ渡し，次の国語の時間までに自由に読んでよいということを伝えておく。

# はじめて知ったことを知らせよう

**2／5時間**
準備物：図鑑と科学読み物

### ●目次・索引を使う

目次や索引の使い方は、ワーク形式で楽しく学んでいきましょう。「アゲハチョウが載っているページを言いましょう。」など、実際に探していきます。目次や索引の使い方に関する本がたくさん出ていますので、そこからアイデアをもらいます。同じ図鑑がたくさんない場合には、ペアで1冊など、ペアワークをしていくとよいでしょう。

### ●比べることで見えてくる

ここで扱われている図鑑・科学読み物について、それらが違うものということは分かり切った事実ですが、何が違うのかと尋ねることで、その特徴がより明確になります。そうすることで、それぞれの楽しみ方、役割が意識され、活用できるようになってきます。また、「比べると違いがはっきりする」という考え方もここで教えていきたいです。

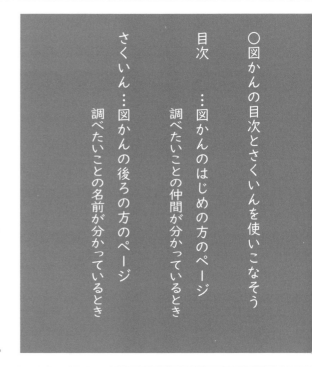

○図かんの目次とさくいんを使いこなそう

目次　…図かんのはじめの方のページ
　　　　調べたいことの仲間が分かっているとき

さくいん　…図かんの後ろの方のページ
　　　　　　調べたいことの名前が分かっているとき

### ❶本時の課題を知る

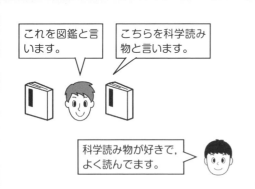

教師が、実物を見せながら図鑑と科学読み物の紹介をする。
「読んだことある人？」などと言いながら、これまでの経験を想起させていく。

### ❷図鑑と科学読み物を比べる

この時間までに、図鑑と科学読み物を用意し、1人1冊選ばせておく。ペアやグループで図鑑と科学読み物を読み比べ、その違いを見付ける。違うところ、同じところをノートに書いていく。「図鑑にあって、科学読み物にないものは？」「科学読み物にあって図鑑にないものは？」「両方にあるものは？」と助言をしながら考えさせていく。

| 本時の目標 | 本時の評価 |
|---|---|
| ・目次や索引について理解し，使うことができる。<br>・図鑑と科学読み物を比べて，それぞれの特徴を理解することができる。 | ・目次や索引について理解し，使っている。<br>・図鑑と科学読み物を比べて，それぞれの特徴を理解している。 |

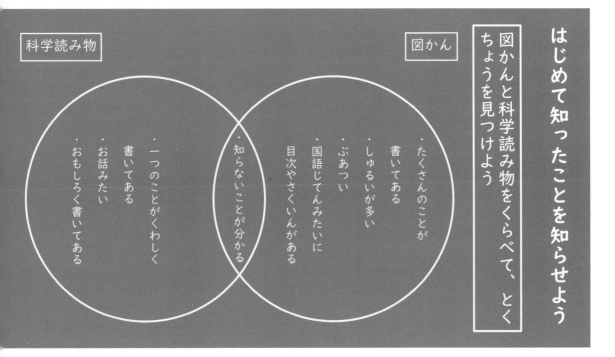

### ❸ 見付けたことを発表する

図鑑には，目次や索引が載っています。

目次と索引は，どんな時に使うとよいですか。

ノートに書いたことを発表していく。教師は，ベン図に整理しながら板書していく。一通り発言を聞いたら，図鑑の大きな特徴である目次と索引に着目させる。そして，目次と索引をどんな時に使うのかを考えさていく。

### ❹ 目次と索引の使い分けを考える

どんな時に目次や索引を使うのですか？

調べたい動物が決まっている時は，索引で調べたらいいと思います。

「索引があったら，目次っていらないですよね？」と子どもたちを揺さぶり，目的によって目次と索引の使い分けをするということを引き出していく。
そして最後に，目次と索引を実際に使っていって，慣れさせてく。

# はじめて知ったことを知らせよう／鳥になったきょうりゅうの話

3／5時間
準備物：科学読み物，色違いの付箋

## ●感想のもち方を学ぶ

「さあ，感想を書きましょう。」と言っても，何を書いていいのか分からない子どももいます。ある程度，モデルを示す必要があるでしょう。「鳥になったきょうりゅうの話」を読んで，「おどろいたこと」「感心したこと」「ふしぎに思ったこと」の三つに絞って，感想を書かせていきます。

## ●教科書のモデルを活用

教科書には，モデルとなる文章やメモの書き方が載っています。そのモデルを積極的に活用しましょう。子どもたちに見せたくない部分は隠して，黒板やモニターで示していきます。「どんな構成になっていますか？」「何が述べられていますか？」「この文章のよいところは何ですか？」などと聞きながら，書き方のモデルとしていきましょう。

> 終わり
> ぜひ読んでください！
> よびかけ
> まとめ

### ❶「鳥になったきょうりゅうの話」を聞く

自分が選んだ本を友達に紹介していく。どのような形で伝えていけばよいのか，教科書の発表例を参考にしていく。まず，「鳥になったきょうりゅうの話」を教師が音読する。子どもたちはただ聞くのではなく，「すごい！」「はじめて知った！」ということが出てきたら，「へぇ〜！」や「すごい！」「知らなかった！」と反応しながら聞くように伝える。

### ❷お話を読み，感想を伝え合う

読んだ後，「おどろいたこと」「感心したこと」「ふしぎに思ったこと」の三つの観点で，感想を発表していき，板書していく。後半の活動に時間を取りたいので，テンポよく聞いていくようにする。

| 本時の目標 | ・紹介文の書き方を理解することができる。 | 本時の評価 | ・紹介文の書き方を理解している。 |
|---|---|---|---|

## 板書

（縦書き）

**はじめて知ったことを知らせよう　鳥になったきょうりゅうの話**

本をしょうかいする文の書き方を知ろう

**はじめ**
○その本をえらんだ理由
　しょうかいする本の名前

**中**
○おどろいたこと（びっくり！）
○感心したこと（へぇ、すごいなぁ）
○ふしぎに思ったこと（ふしぎ～！）

---

### ❸手本に書いてあることを読み取る

この発表例は、「はじめ・中・終わり」に分けられています。中には感想が書いてありますね。はじめと終わりにはどんなことが書いてありますか。

はじめには、選んだ本の名前や、選んだ理由が書いてあります。

▶教科書 p.104の発表例に何が書いているのか読み取る。発表例の下の部分（何について述べてるのかを記してある部分）を隠して提示して考えさせていく。はじめと終わりの、「①本を選んだ理由②本を読んで驚いたこと③興味をもってもらう呼びかけ」の三つを読み取るようにする。

### ❹自分が紹介する本の紹介メモを書く

自分が読んだ本を紹介するために、紹介メモを書いていきましょう。

私は、不思議に思ったことがたくさんあったから、不思議に思ったことを紹介してみよう。

ふせん

▶自分が読んだ科学読み物を友達に紹介していく準備をする。3色の付箋を配り、「おどろいたこと」（黄）「感心したこと」（赤）「ふしぎに思ったこと」（青）の三つに分けて書いていくようにする。「必ず3色使わなくてもよいこと」「もっと書きたい時は付箋を取りに来てよいこと」を伝えておく。

# 4/5時間 はじめて知ったことを知らせよう

準備物：科学読み物

## ●目的を意識して書く

　書く活動を行う際には、なんとなく文を書くのではなく、相手意識・目的意識をもつことが大切です。「友達に紹介して、読んでもらおう！」「２年生に紹介するつもりで書いてみよう！」「読んでみたい本コンテストをしよう！」「学校図書館に紹介文を掲示しよう！」など、テーマを決めて進めていきたいです。

## ●原稿用紙の使い方

　原稿用紙に紹介文を書く場合、その指導が別で必要になります。原稿用紙に書く経験がある場合は、教科書 pp.138-139に原稿用紙の使い方が載っているので、ここで確かめながら書くように伝えておきます。別の用紙に書かせていく場合にも、「はじめ・中・終わり」の構成、形式段落の指導はしっかりしておきましょう。

**何度も読み直して、文章にこだわろう**

## ❶前時を振り返り本時の課題を確認する

前回は、紹介文の書き方を勉強し、紹介文メモを書きました。これから紹介文を書いていきます。

　紹介文メモをもとに、紹介文を書いていく。「クラスの友達が読みたくなる紹介文を書こう。」など、みんなで目的を確認しながら書けるように声をかけていく。

## ❷科学読み物の紹介文を書く

今日は、メモをもとに紹介文を書いていきます。

科学読み物ってあんまり読んだことなかったけど、この面白さを伝えたい。

僕はこの動物のことを知らない人に興味をもってもらえるような紹介文を書きたいな。

　実際に書きはじめていく。なかなか鉛筆の進まない子に対しては、教科書の紹介文を真似して書いてよいことを伝える。「紹介文を読んだ友達が、その本を読みたくなるように書けるとよいですね。」と声をかけながら書かせていく。

| 本時の目標 | ・構成に気をつけて，科学読み物の紹介文を書くことができる。 | 本時の評価 | ・構成に気をつけて，科学読み物の紹介文を書いている。 |
|---|---|---|---|

## はじめて知ったことを知らせよう
### 科学読み物のしょうかい文を書こう

○見直すときのポイント

**正しい書き方になっているか**
・まちがった字はないか
・ぬけている字はないか
・形しきだん落を分けているか
・かぎかっこの使い方は正しいか
・「 」。」のつけるいちは正しいか

**自分のつたえたいことがつたわるか**
・自分のおどろき・感心・ふしぎが読み手につたわりそうか

---

❸ スモールステップで確認する

段落を一つ書き終わったら，そのたび先生のところに見せに来てください。分からないことがある人も来てください。

よい書き方が思いつかないから，先生にアドバイスをもらいにいこう。

　１段落書けたら，先生に見せに来るように指導する。最後まで書き終えてから，「段落が分かれてないから…。」と指導すると，子どももやり直すのが嫌になってくる。こまめに見せに来させる。そうすることで，書き直しの負担も減るし，「○○さん，つなぎ言葉上手に使っていますね。」などと，よいところをリアルタイムで広げることも可能になる。

❹ 書けた紹介文を読み直す

最後まで書けた人は，紹介文がもっとよいものにならないか読み直してみましょう。

直すところが見つかった人は，よりよい文章になるように書き直してみましょう。

これだけでは本の面白さが伝わりにくいと思ったので，不思議に思ったことをもう一つ書いてみます。

　書けたら終わりではなく，もう一度自分で読み直す。声に出して読んでみたり，友達と読み合ったりするなどしていく。文章を書き終わって満足するようにはなってほしくない。自分の言いたいことが伝わるのか，何度も吟味していく姿勢を習慣化していきたい。

# はじめて知ったことを知らせよう

**5 / 5時間**

準備物：科学読み物，読んでみたいなシート

●読んでみたいなシート

　Ａ５サイズ程度の，小さい紙にしておきます。紙面が大きいと，子どもによって，文量に差が出てしまう可能性があるからです。どの子も，「友達にたくさん書いてもらえた！」という達成感を味わわせていきましょう。

　また，感想を書いた後には，自分の名前を書かせるようにします。自分の意見に対して責任をもたせるためです。

```
はじめて知ったよ
・パンダの赤ちゃんの鳴き
　声っておもしろいんだね。
```

❶本を紹介し合う

みんなが選んだ本をグループの友達に紹介していきましょう。

　５～６人のグループに分かれ，書いた紹介文をもとに，本を紹介していく。その際，本のページを開けて見せながら話をしている子どもを取り上げ，「上手な分かりやすい紹介の仕方をしていますね」とほめていく。

❷紹介文を読んだ感想を伝え合う

友達の発表を聞いて，その感想を読んでみたいなシートに書き込んでいきましょう。

発表を聞いて，気になる本があったよ。

友達の紹介文を詳しく読みたいな。

　それぞれの子どもに配っている「読んでみたいなシート」に，グループの友達がどんどん書き込んでいく。読んでみたいなシートは，三つの項目が書けるようにしておく。「みんなの読んでみたいなシートが文字でいっぱいになるようにたくさん書いてあげようね。」と声をかけてスタートする。はじめにいくつか書き方の例を示すとよい。

| 本時の目標 | ・自分が選んだ科学読み物を紹介し，感想を伝え合うことができる。<br>・同じ読み物を読んでも，人によって感じ方が違うことに気付くことができる。 | 本時の評価 | ・自分が選んだ科学読み物を紹介し，感想を伝え合っている。<br>・同じ読み物を読んでも，人によって感じ方が違うことに気づいている。 |
|---|---|---|---|

**はじめて知ったことを知らせよう**

科学読み物のしょうかい文を読んで感想をつたえ合おう

読んでみたいなシート

| もっと知りたいよ | 読んでみたくなったよ |
|---|---|
| ・どうしてそんな鳴き声なのかな？ | ・パンダのことがくわしくなれそう。読んでみたい！ |

❸ 友達に書いてもらった感想を読む

読んでみたいっていう感想をもらってうれしいな。

自分も，読んでみたいと思った本があったよ。今度借りてみよう。

　友達に感想を書いてもらうのはうれしいものである。うれしそうに読んでいる子どもに，「今どんな気持ちですか？」とインタビューしながら，感想をもらった感想を広げていく。「一人一人感想が違って面白いね。友達にもらった感想は宝物だね。」と言って，読んでみたいなシートを原稿用紙の裏に貼っておかせる。

❹ 単元の学びを振り返る

これまでは科学読み物とか図鑑はあまり読んだことがなかったけど，いろんなことが知れて楽しいな。これから読もうと思いました。

科学読み物以外にも，もっといろんな種類の本を読んでみようと思いました。

　この単元で学んだこと，できるようになったこと，これからの学習に生かせそうなことなどを，ノートに書いて振り返る。

第5時　193

詩を味わおう

# わたしと小鳥とすずと／夕日がせなかをおしてくる

2時間

## 1 単元目標・評価

・文章全体の構成や内容の大体を意識しながら音読できる。(知識及び技能(1)ク)。
・連の移り変わりに注意しながら，叙述をもとに想像して読むことができる。(思考力，判断力，表現力等C(1)イ・エ)。
・言葉がもつよさに気付くとともに，幅広く読書をし，国語を大切にして，思いや考えを伝え合おうとする。(学びに向かう力，人間性等)

| 知識・技能 | 文章全体の構成や内容の大体を意識しながら音読している。((1)ク) |
|---|---|
| 思考・判断・表現 | 「読むこと」において，連の移り変わりに注意しながら，叙述をもとに想像して読んでいる。(C(1)イ・エ) |
| 主体的に学習に取り組む態度 | 二つの詩の中から心に残ったことを見付けて話そうとしている。 |

## 2 単元のポイント

**教材の特徴**

　この二つの詩は，共通する詩の技法がある。まず，「連」である。3年生の詩の学習として，一行空きなどを入れて区切られた詩の中のまとまりを「連」ということは，詩の用語として押さえておきたい。この連と連の関係や相互の関係などに目を向けると内容が深まる。また，物語での「場面」，説明文での「段落」を例にまとまりを教えるとよい。その他，七五調のあるリズムや倒置法なども教えたい技法である。学級の実態に応じて押さえてもよい。

**身に付けたい資質・能力**

　二つの詩とも，暗唱させたい。この詩は読者に問いかける物語性のある詩で，頭の中でイメージを作りながら読むことができる。教科書にある詩や昔ながらの名文名詩などは，積極的に覚えさせておくとよい。子どもたちの語彙を豊富にさせたり，表現力の向上につながったりする。できれば学習に入る前に暗唱させておくと，二つの詩を1時間ずつの学習で内容まで深めることができる。詩の暗唱は，大人が思っているほど難しくはない。

## 3 学習指導計画（全2時間）

| 次 | 時 | 目標 | 学習活動 |
|---|---|---|---|
| 一 | 1 | ・「連」という用語を理解し，連と連の関係から「みんなちがって，みんないい。」の「みんな」の意味について自分なりの読みをもつことができる。 | ○自分なりの読みで，気持ちを込めて読む。<br>・教師が範読し，全員が音読できるようにする。<br>・「連」という用語について確認する。<br>・好きな「連」を選び，その理由を発表する。<br>・「みんな」の意味について考える。<br>・自分なりの読みで音読する。 |
| | 2 | ・「連」という用語を理解し，繰り返されている言葉を中心に自分なりの読みをもつことができる。 | ○自分なりの読みで，気持ちを込めて読む。<br>・教師が範読し，全員が音読できるようにする。<br>・「連」について確認する。<br>・一連と二連のイメージの違いについて考える。<br>・自分なりの読みで音読する。 |

### 詩の学習で学びを深めるということ

　詩の学習となると，読んで感想を述べ合って終わる場合が多くみられます。もちろん，それぞれの詩について感想をもつことは大切です。しかし，例えば本単元のように二つの詩をあらかじめ音読・暗唱しておくと，1時間の学習の中で詩のイメージの変化・進化まで学習することが可能です。

　せっかくの詩の学習です。その詩のイメージが変わるような発問を通して読みを深めてみませんか。単なる感想の発表会ではなく，「最初はこう思ったんだけど，みんなとの話し合いを通してこんなふうに思いました（変わりました）。」と授業を通して子どもの意見も深まっていくはずです。必要に応じて，授業前と授業後それぞれに詩のイメージ（感想）を書かせておくと，学習の評価に役立ちます。

単元について　195

# 1/2時間 わたしと小鳥とすずと

準備物：なし

## ●音読に始まり音読に終わる

音読に始まり音読で終わります。自分の好きな場所やみんなで話し合った解釈について自分で決めて音読をします。「この場所だけは気持ちを込めて音読する」と限定してあげることで授業後の音読が変わります。

## ●暗唱を聞いてもらうことで家庭学習に広げる

詩の暗唱は，聞いてくれる人がいると励みになります。特に，授業で内容を深めた後は，単なる音読から朗読に近い状態になっています。「授業の最後に読んだようにお家の人に聞いてもらっておいで」と宿題を出してみましょう。学校での学習の成果を伝えやすくなります。

> 自分の考えをもって音読することが大切

## ❶お気に入りを探しながら音読する

いいなぁと思うところはどこですか。分からないところはありませんか。

授業の最初は音読から始める。
「いいなぁと思うところはどこか探しながら読みましょう」「分からないところはないですか」などと，一声かけてから音読させる。
しっかり声を出すことが大事である。ここでは，みんなの前で1人が読むよりも「1人で自分のペースで」「みんなで声をそろえて」と全員が音読する場を保障したい。

## ❷連について学ぶ

この中で好きな連はどれですか？

私は二連が好きです。理由は…。

「連」について学習する。「一行空いている場合」「リズムの繰り返し」「時・場・人物が変わる」などでまとまりができていることを説明する。
T「いくつの連でできていますか？」
・三つ
T「この中で好きな連はどれですか？」
・私は二連が好きです。理由は…。
など，好きな理由について述べ合う。

| 本時の目標 | ・「連」という用語を理解し，連と連の関係から「みんなちがって，みんないい。」の「みんな」の意味について自分なりの読みをもつことができる。 | 本時の評価 | ・「連」という用語を理解し，連と連の関係から「みんなちがって，みんないい。」の「みんな」の意味について自分なりの読みをもっている。 |
|---|---|---|---|

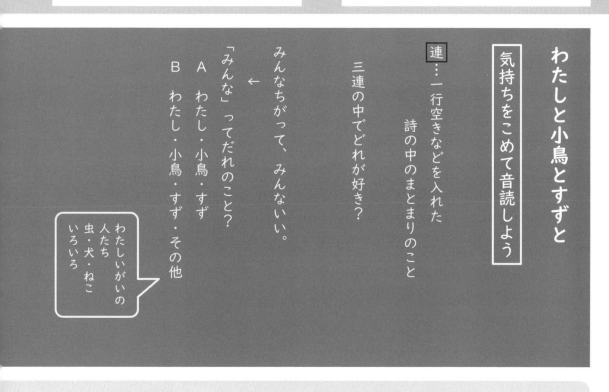

❸「みんな」について考える

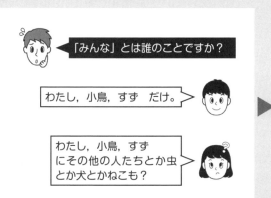

内容を深める発問を一つ出し，みんなで考える。
T「『みんなちがって，みんないい』の『みんな』とは誰のことですか？」
例A：わたし・小鳥・すず
　B：わたし・小鳥・すず・その他の人や生き物
なぜそう思ったのか理由をしっかり語らせたい。どちらかが正解ということはないが，先生はどっちだと思うのかは伝えられるようにしておく。

❹気持ちを込めて音読する

それぞれのペースで音読する。
T「三つの連の中の好きな場所に心を込めて読んでみましょう。『みんな』の部分がAだと思う人はAのつもりで，Bだと思う人はBのつもりで音読してみましょう。」
時間があれば，詩の感想を書かせてもよい。

# 2/2時間 夕日がせなかをおしてくる

準備物：なし

●似たような授業展開で子どもを慣らす

前時の「わたしと小鳥とすずと」の時と同じ授業展開にします。そのため、子どもからの意見が出やすくなっています。前の時間に意見が言えなかった子どもを中心に好きな連について話をさせてあげるとよいでしょう。

●一連と二連の違いを比べる

「さよなら」は一連にも二連にも出てきます。でも、この「さよなら」を言った人物は一連と二連では違います。一連は「夕日がぼくらに」、二連は「ぼくらが夕日に」言っています。この違いをイメージしながら音読すると、音声言語としての音読が変わっていきます。自分なりの考えを持って授業後の音読につなげましょう。

一連と二連のちがいを考えて音読しよう

## ❶前時の復習をし、音読する

> 前の授業を復習してみましょう。連とは、一行空きで示された、詩の中のまとまりのことといいましたね。この詩は二つの連でできています。

> いいなぁと思うところはどこですか。分からないところはありませんか。

前回の授業で学習した「連」について復習する。
その後、前回と同様に「いいなぁと思うところはどこか探しながら読みましょう」「分からないところはないか、探しながら読みましょう」などと、一声かけてから音読させる。
音読後は、分からない意味や言葉について確認し、学習の内容に入る。

## ❷一連と二連の違いについて確認する

> 一連と二連の違いはどこですか？

> 一連は、まっかなうでおしています。

> 二連は、どなっています。

一連と二連を比べ、その違いについて子どもたちに見付けさせる。
言葉の上での違いをきちんと押さえておくことで、次の発問が考えやすくなる。

| 本時の目標 | ・「連」という用語を理解し、繰り返されている言葉を中心に自分なりの読みをもつことができる。 | 本時の評価 | ・「連」という用語を理解し、繰り返されている言葉を中心に自分なりの読みをもっている。 |

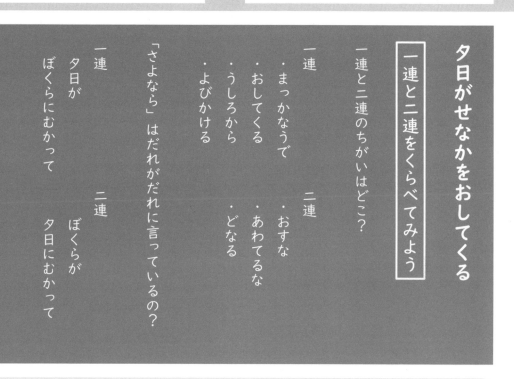

夕日がせなかをおしてくる

一連と二連をくらべてみよう

一連と二連のちがいはどこ？

一連
・まっかなうで
・おしてくる
・うしろから
・よびかける

二連
・おすな
・あわてるな
・どなる

「さよなら」はだれがだれに言っているの？

一連
夕日が
ぼくらにむかって

二連
ぼくらが
夕日にむかって

❸「さよなら」について考える

「さよなら」は誰が誰に言っているのですか？

一連は、夕日がぼくらに言っています。

二連は、ぼくらが夕日に言っています。

　ノートに書かせた後、発表させると子どもがきちんと内容を読み取れているか確認できる。
　時間に余裕が出れば、1人ずつ読む工夫をさせ、授業の最後に読みたい子どもに発表させるとよい。

❹気持ちを込めて音読する

一連と二連の呼びかけているところを意識して音読してみましょう。

呼びかけているのが、夕日かぼくらかを考えるといいね。

呼びかけている声を変えると雰囲気がでるかもしれないね。

　めいめいに音読させ、それぞれの読みで授業を終える。
　時間があれば、何人かの音読をみんなの前で紹介してもよい。

# 山小屋で三日間すごすなら

3時間

## 1 単元目標・評価

・比較や分類の仕方を理解し使うことができる。（知識及び技能(2)イ）

・目的や進め方を確認して話し合い，互いの意見の共通点や相違点に着目して，考えをまとめることができる。（思考力，判断力，表現力等Ａ(1)オ）

・言葉がもつよさに気付くとともに，幅広く読書をし，国語を大切にして，思いや考えを伝え合おうとする。（学びに向かう力，人間性等）

| 知識・技能 | 比較や分類の仕方を理解し使っている。（(2)イ） |
|---|---|
| 思考・判断・表現 | 「話すこと・聞くこと」において，目的や進め方を確認して話し合い，互いの意見の共通点や相違点に着目して，考えをまとめている。（Ａ(1)オ） |
| 主体的に学習に取り組む態度 | 互いの意見の共通点や相違点に積極的に着目し，学習の見通しをもって，グループで話し合おうとしている。 |

## 2 単元のポイント

### この単元で知っておきたいこと

　３年生では，グループで話し合う言語活動を通して，対話スキルを学びます。下巻「はんで意見をまとめよう」では，司会や記録係などの役割と進め方に沿って話し合う学習が設定されており，本単元はその入口の学習でもあります。

　ここでは，目的に沿って話し合うことを学びます。本単元を通して，話し合いには考えを広げたり考えをまとめたりする目的があり，それぞれに適した進め方があることに気付かせます。

### 教材の特徴

　「山小屋で三日間すごすなら」という仮定で子どもたちがわくわくしながら話し合いができるテーマが設定されています。その中でも「山小屋で三日間すごす」「ふだん子どもだけではできないことをして，しぜんとふれ合う」「グループで持っていく物は五つ」といった目的や条件があり，それらをどれくらい意識しながら話し合えるかが本単元を学習するうえで大切なポイントとなります。

200　山小屋で三日間すごすなら

## 3 学習指導計画（全3時間）

| 次 | 時 | 目標 | 学習活動 |
|---|---|---|---|
| 一 | 1 | ・これまでの話し合いを振り返り，学習の見通しをもって，グループで話し合おうとする。 | ○今までの話し合いを振り返る。<br>○話し合いの目的を確認する。<br>○学習課題を設定し，テーマを伝える。<br>・「考えを『広げる』『まとめる』ための話し合いにチャレンジしよう」を学習課題として設定する。<br>○話し合いに向けて，一人学習をする。<br>・イメージマップを使って，自然の中でできることやあったらいいなと思うものを書き出す。 |
| 二 | 2 | ・話し合いの目的・条件を確かめてグループで話し合い，出た意見を分類しながら，考えを広げることができる。 | ○話し合いの音声資料を聞く。<br>○話し合いのポイントを確認する。<br>・大切なことは何か意見を出し合い，ポイントをまとめる。<br>○考えを広げる話し合いをする。<br>・付箋とホワイトボードを使って考えを出し合い，整理する。<br>○振り返りをする。 |
|  | 3 | ・話し合いの目的・条件や話し合い方を確かめてグループで話し合い，互いの意見の共通点や相違点に着目して考えをまとめることができる。 | ○話し合いの音声資料を聞く。<br>○話し合いのポイントを確認する。<br>・大切なことは何か意見を出し合い，ポイントをまとめる。<br>○考えをまとめる話し合いをする。<br>・目的に立ち戻りながら話し合い，意見をまとめる。<br>○全体発表，振り返りをする。<br>・本時の話し合いの振り返りをする。<br>・学習を通して学んだこと，今後に生かしたいことを考える。 |

### ねらいに沿った指導計画を作成する

　本単元では，学習課題の設定を重点に置いた構成にしました。別の展開としては，第1時「学習課題の提示」と第2時「考えを広げる話し合い」を1時間にまとめ，第3時「考えをまとめる話し合い・振り返り」を2時間に分ける方法が考えられます。そうすることで，全体発表や振り返りに時間を使うことができます。本単元のねらいによって軽重をつけて指導計画を立てましょう。

単元について　201

# 山小屋で三日間すごすなら

1 / 3時間

準備物：プロジェクター，山の様子が分かる写真や動画など

●学習課題をとらえることからスタートしよう

　「山小屋で三日間すごすなら」という魅力的な教材名を見ると，「みなさんは子ども探検隊です。…」と導入場面で話し合うテーマの紹介からはじめたくなります。たしかに子どもたちもわくわくできる導入ではありますが，まずどんな学習をするのか子どもたちが学習課題をしっかりとらえる必要があります。本単元では，子どもたちが，考えを広げる話し合いと考えを深める話し合いの目的や進め方の違いを理解して，話し合うことができる力を身に付けること大切です。そこで導入では，これまでの話し合いを振り返り，「そもそも話し合いは何のためにするのか」について考える場面をつくります。そうすることで，話し合う目的に目を向けることができ，本単元の学習課題がはっきりしてきます。まず，どんな学習なのか明らかにすることからはじめましょう。

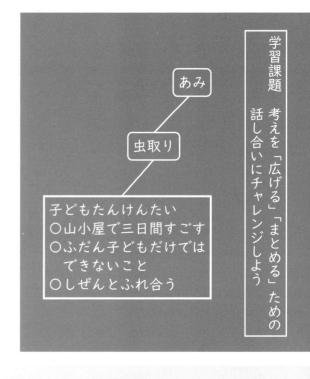

学習課題　考えを「広げる」「まとめる」ための話し合いにチャレンジしよう

あみ — 虫取り

子どもたんけんたい
○山小屋で三日間すごす
○ふだん子どもだけではできないこと
○しぜんとふれ合う

❶今までの話し合いを振り返る

みんなは，これまでどんな話し合いをしたことがありますか？

学級会で，お楽しみ会に何をするかを話し合いで決めたよ。

国語の物語の勉強で話し合ったことがあるよ。

　導入では，これまでに経験した話し合いを思い起こしたい。学級会や係活動，普段の授業などの場面でどんな話し合いをしたか例を挙げることで，具体的なイメージとしてもたせ，次の活動へつなげたい。

❷話し合いの目的を確認する

そもそも，話し合いって何のためにするのでしょう？

話し合いの目的を確かめましょう。

何のためにしてるんだろう？何かを決めるために話し合うことがあるなあ。

　まず，話し合いの目的について子どもたちの考えを共有する。これらの意見と関連させながら本単元で取り上げたい「考えを広げる」「考えをまとめる」話し合いについて説明したい。「広げる」「まとめる」は図解するとイメージをとらえやすくなる。

| 本時の目標 | ・これまでの話し合いを振り返り，学習の見通しをもって，グループで話し合おうとする。 | 本時の評価 | ・これまでの話し合いを振り返り，学習の見通しをもって，グループで話し合おうとしている。 |
|---|---|---|---|

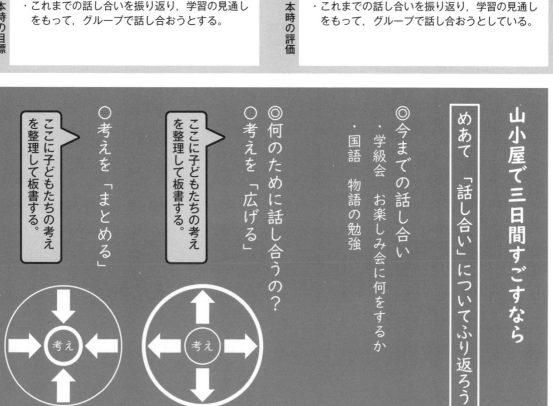

❸ 学習課題を設定し，テーマを伝える

「広げる」と「まとめる」では話し合いの進め方にどんな違いがありますか？ みんなで話し合いにチャレンジしましょう。

話し合いのテーマは，「たんけん」です。

楽しそう。何を持っていくかなあ。

ここでは，「広げる」「まとめる」の話し合いにどんな違いがあるのか問いをもたせ，学習課題を設定する。そして話し合いテーマについて紹介したい。テーマは，設定や条件がイメージできるようプロジェクターで，山の自然の様子が分かる写真や動画などを見せるとよい。

❹ 話し合いに向けて，一人学習をする

自然の中でどんなことができそうですか？ どんな物を使いそうですか？

イメージマップにまとめましょう。

川遊びができるなあ。虫とりもあるね。

次の時間の話し合いに向けて，自然の中でできること，あったらよいなと思うものをイメージマップに書き出す。使えるかどうかで悩むのでなく，選択肢を増やすためにできるだけたくさん書くよう声かけする。いろんな体験を想像しながら楽しく取り組ませたい。

# 山小屋で三日間すごすなら

準備物：指導書音声資料，付箋，ホワイトボード又は画用紙

## ●音声資料を聞く前の指示が大切

学習指導書には，話し合いのモデルとなる音声資料がついています。音声資料は対話のモデルとなるので，上手に活用したいものです。さらに効果を高めるには，どう聞けばよいのか聞き方の指示を出しましょう。

本時では，聞く時の視点を変えて２回聞きます。１回目は，どんなことが話し合われているか話し合いの内容に注目させます。２回目は，どのように話し合われているか話し合いの進め方に注目させます。

また，「いいなと思った言葉や方法をメモしよう」と指示しておくと，具体的な言葉や方法が話し合いのポイントをまとめる際の手がかりとなります。

**出された考えを整理する**

□ ふせんを仲間分けする
・ならびかえる
・丸でかこむ

### ❶話し合いの音声資料を聞く

「今日は，考えを広げる話し合いにチャレンジします。」

「まず，話し合いの様子を２回聞きます。１回目はどんなことが話し合われているか，２回目はどのように話し合われているかに気をつけて聞きましょう。いいなと思った言葉や方法をメモします。」

「どんな話し合いかなあ。」

まず，音声資料を使って話し合いのイメージをもたせたい。ただ聞くだけでなく，１回目は話し合いの内容について，２回目は話し合いの進め方について注目させ，「いいなと思った言葉や方法をメモします」と指示しておく。

この後，具体的な言葉や方法が話し合いのポイントをまとめる時の手がかりとなる。

音声だけだと不安な場合は，文字起こしした資料を配布するとよい。

### ❷話し合いのポイントを確認する

「いいなと思った言葉や方法はありましたか？」

「みんなの考えを広げる話し合いで大切なことは何でしょう？」

「相手の話を否定せず，しっかり受け止めることが大切だと思うな。」

音声資料を聞いた後，いいなと思った言葉や方法を共有する。そして，「みんなの考えを広げる話し合いで大切なことは何でしょう？」と問い，話し合いのポイントをまとめる。付箋の書き方や整理の仕方については，教科書p.117を参考にするとよい。

| 本時の目標 | ・話し合いの目的・条件を確かめてグループで話し合い，出た意見を分類しながら，考えを広げることができる。 | 本時の評価 | ・話し合いの目的・条件を確かめてグループで話し合い，出た意見を分類しながら，考えを広げている。 |

## 山小屋で三日間すごすなら

めあて　考えを広げる話し合いをしよう

子どもたんけんたい
○山小屋で三日間すごす
○ふだん子どもだけではできないこと
○しぜんとふれ合う

◎考えを広げる話し合い

**考えを出し合う**
（したいこと、持っていきたい物）

□ふせんに考えを書き出す
□考えをみとめ合う
・「さんせい」
・「そうだね」
・「そうか」
・「いい考えだと思う」
□分からないことはしつ問する
・「どうして」

---

### ❸ 話し合いをする

グループに分かれて話し合います。みんなで出し合って整理して，考えを広げましょう。

みんなはどんなことがしたい？
私は…。

　ポイントをまとめたら，3〜4人のグループに分かれて話し合いをはじめる。出された意見は付箋に書いてホワイトボードに貼っていく。考えを整理する際は，付箋を並び替えたり，丸で囲んだりして仲間分けをする。前時でまとめたノートは，話し合う前に確認させる。

### ❹ 振り返りをする

話し合いの振り返りをします。ポイントについてはどうでしたか？　気になったことはありましたか？

みんな否定せず話し合いができたな。いっぱい意見がでてよかったな。

　話し合いのポイントに沿って振り返りを行う。うまくいかなかったこと，困ったことがある班も予想される。
　時間があればそういった問題点を共有して改善策を検討するのもよい。

# 山小屋で三日間すごすなら

3/3時間
準備物：指導書音声資料，付箋，ホワイトボード又は画用紙

● 考えをまとめるには目的に立ち返ること

　話し合いで考えをまとめることが上手くいかなかった経験のある子どもも多いでしょう。話し合いをまとめるには，目的に立ち返ることが大切なポイントの一つです。今回の話し合いでは，「普段子どもではできないことをして，自然と触れ合うために必要なものは…」と考えをまとめるよう話し合う前に確認しましょう。

● 学びを生活に生かすために

　振り返りの場面では「この学習がどんな時に使えそうか？」について考えさせたいです。
　学級会や国語などの授業で話し合う場面はもちろんですが，係活動の取り組みを決める時や休み時間に遊びを決める時など生活場面にも活用できることに気付かせることで学びを生活に生かそうとする態度を育てていきましょう。

○ふり返り
・考えを「広げる」「まとめる」ための話し合いをして学んだこと
・学びが使えそうな場面

## ❶話し合いの音声資料を聞く

　今日は，考えをまとめる話し合いにチャレンジします。

　まず，話し合いの様子を2回聞きます。1回目はどんなことが話し合われているか，2回目はどのように話し合われているかに気をつけて聞きましょう。
　いいなと思った言葉や方法をメモします。

　どんな話し合いかなあ。

　前時と同様に，音声資料で話し合いのイメージをもたせると同時に，参考になる言葉や方法についてメモをするように指示を出す。
　音声だけだと不安な場合は，文字起こしした資料を配布するとよい。前回の資料もあれば，比べることもできる。

## ❷話し合いのポイントを確認する

　いいなと思った言葉や方法がありましたか？

　みんなの考えをまとめる話し合いで大切なことは何でしょう？

　まずは，したいことから決めているね。みんなにも考えを聞いている。

　ここでも，前時と同様にいいなと思った言葉や方法を共有した後，ポイントをまとめる。
　この時，考えを広げる話し合いとの共通点や相違点についても触れるとより理解が進む。子どもの実態や時間配分によって扱うかどうか考えたい。

| 本時の目標 | ・話し合いの目的・条件や話し合い方を確かめてグループで話し合い，互いの意見の共通点や相違点に着目して考えをまとめることができる。 | 本時の評価 | ・話し合いの目的・条件や話し合い方を確かめてグループで話し合い，互いの意見の共通点や相違点に着目して考えをまとめている。 |

---

山小屋で三日間すごすなら

めあて　考えをまとめる話し合いをしよう

子どもたんけんたい
○山小屋で三日間すごす
○ふだん子どもだけではできないこと
○しぜんとふれ合う

◎考えをまとめる話し合い

□目的にそって考えたり、決めたりする。
・「しぜんとふれ合うという目的もあるしね。」

□みんなの意見を聞いている。
・「みんなはどう。」

□決まったことをみんなで確かめている。
・「したいことは〜。持っていくものは〜五つでいいかな。」
・「そうしよう。」

したいこと を決める ← 持っていくもの を五つ決める

---

❸話し合いをする

前の時間に話し合ったことをもとに，何を持っていくかグループの考えをまとめましょう。

まず，したいことを決めよう。

私がしたいことは…。

ポイントをまとめたら，前時と同じグループで話し合いをはじめる。考えをまとめるには，目的に立ち戻ることが大切だということを再度確認したい。

子どもたちを見極め，話し合いの途中でも「探検の目的は何でしたか？」と声かけするのもよい。

❹全体発表，振り返りをする

グループで話し合って決まったことを発表します。

この学習では，考えを「広げる」「まとめる」ための話し合いにチャレンジしましたね。どんなことを学びましたか？次はどんな時に使えそうですか？

学んだことは…。
次に使えそうなのは…。

話し合いで決まったことを発表し合う。発表時間がとれない場合は，各グループのノートやワークシートを自由に見て回るのもよい。

振り返りでは，前時と同様に本時の話し合いを振り返る。また，この学習を通して学んだことや今後に生かしたいことについても振り返らせたい。

# ポスターを読もう

**2時間**

## ① 単元目標・評価

・ポスターを読んで気付いたことを観点ごとにまとめたり，比べたりして工夫を見付けることができる。（知識及び技能(2)イ）

・ポスターを読んで見付けた工夫から自分の考えをもつことができる。（思考力，判断力，表現力等C(1)オ）

・言葉がもつよさに気付くとともに，幅広く読書をし，国語を大切にして，思いや考えを伝え合おうとする。（学びに向かう力，人間性等）

| 知識・技能 | ポスターを読んで気付いたことを観点ごとにまとめたり，比べたりして工夫を見付けている。（(2)イ） |
|---|---|
| 思考・判断・表現 | 「読むこと」において，ポスターを読んで見付けた工夫から自分の考えをもっている。（C(1)オ） |
| 主体的に学習に取り組む態度 | 二つのポスターを比べながら見付けた工夫から，その目的や知らせたい相手について伝え合おうとしている。 |

## ② 単元のポイント

### 教材の特徴

　本単元は，子どもたちにとって初めて本格的な非連続型テキストを読む活動である。短い文章と絵・写真，それぞれに役割があり，その組み合わせから，知らせたい相手やその目的を考えたり，文字の大きさや文字と絵・写真の組み合わせなどから構成について考えたりもできる。4年「パンフレットを読む」，5年「新聞を読む」，6年「利用案内を読む」につながる教材である。

### 言語活動

　「読書週間」のポスターでは，「ポスターのれい」として，「知らせたい ないよう」「キャッチコピー」「絵や写真」の三つの観点が示されている。「コスモス祭り」のポスターでは，さらに「場所」と「地図」を観点に加え，五つの観点から2種類のポスターを比較できるようになっている。「読書週間」のポスターの学習でしっかりと観点を学ぶことで，子どもたちは短い文章と絵や写真からできているこの2種類のポスターを簡単に比較できるようになるだろう。

208　ポスターを読もう

## 3 学習指導計画（全2時間）

| 次 | 時 | 目標 | 学習活動 |
|---|---|---|---|
| 一 | 1 | ・それぞれの観点からポスターに書かれている工夫を見付け，自分が一番すごいと思った工夫について理由とともに自分の考えを書くことができる。 | ・どんなポスターを見たことがあるか，交流する。<br>・教科書にある「読書週間」のポスターの工夫について考える。 |
| 二 | 2 | ・二つのポスターを観点ごとに比べ，それぞれのポスターの強調しているところから，知らせたい相手や目的について自分の考えをもとうとする。 | ○Yチャートを使って，同じところ，違うところを見付けていくことを示す。<br>・二つのポスターの同じところと違うところを見付けていく。<br>・違うところからそれぞれのポスターが強調しているところを見付ける。<br>・強調されているところから，それぞれのポスターの伝えようとしていることについて考える。<br>・学習を振り返り，自分はどちらのポスターのほうが好きか考える。 |

### 観点で分析させる

　私たちの身の回りにあるポスターの多くは，何かの広告や宣伝として使われています。短い言葉と写真，絵などから工夫して組み合わせて伝えたいことを知らせています。

　教科書には，「読書週間」のポスターを例として，「知らせたい ないよう」「キャッチコピー」「絵や写真」といった三つの観点を載せています。観点を示すことで，子どもたちはポスターの読み方を覚えます。それぞれの観点には，何が書かれているのかを確認しましょう。そして，その書かれていることがどのように書かれているのか確認しましょう。文字の形やデザイン，大きさ，言葉の配置，写真や絵の内容，全体の構成など，工夫していることからそのポスターが何を伝えたいのか子どもたちに考えさせていきましょう。

### Yチャートを使って詳しく比べる

　「比べる」という活動は，活動が大きく二つに分かれます。一つ目は「同じところ」や「似ているところ」を見付ける活動で，二つ目はそれぞれの「違うところ」を見付ける活動です。今回は「Yチャート」の形で，比べて出てきた情報をまとめていくやり方を紹介します。

　「Yチャート」には，三つの書くことができる場所があります。「Yチャート」を使うと，真ん中に「同じところ」や「似ているところ」，両端の部分にそれぞれの「違うところ」を書くことができ，比べる活動を簡単にまとめることができます。また，それぞれの「違うところ」に観点も示すことで，さまざまな観点からそれぞれがどう違うのかまとめることもできます。「Yチャート」を使うことで，たくさんの情報を整理して示すことができます。

単元について　209

# ポスターを読もう

1/2時間　準備物：黒板掲示用資料

●観点から工夫を考えさせる

　なんとなく印象を伝え合うのではなく，三つの観点（＋その他）から何が書かれているのか押さえていきましょう。どのように書かれているのか考えることで工夫が見えてきます。それをもとに，ポスター全体から何を強調して伝えようとしているのか，Xチャートの形でまとめていきます。

●何のために工夫があるのか考えさせる

　子どもたちが見付けた工夫には，読みやすくさせるなどそれぞれ意図があります。「もしも，言葉がすべて同じ大きさだったら」や「もしも，絵の大事なところと言葉が重なっていたら」など，工夫がない時を例として示すと，それらの工夫が当たり前ではなく，意図が見えてくるようになります。文字の大きさやそれぞれの配置について考えさせていきましょう。

> あなたが一番すごいと思ったくふうを伝えよう
>
> くふうから考えたこと
> ①文字の大きさをかえて読みやすくしている
> ②読みやすくなるよう絵と言葉の場所をくふうしている
> ③「知らせたい ないよう」より「絵」や「キャッチコピー」の方が大きい
> →ポスターを見た人にきょうみをもってほしい

### ❶身近にあるポスターを振り返る

今までに，どんなポスターを見たことがありますか？

　子どもたちの日常に返っていく活動が，学習の中で何よりも大事である。今回の学習の導入として，それぞれの子どもたちの身近にあるポスターについて振り返らせていく。

　そうすることで，この単元で学習したことが子どもたちの日常とつながり，学習が終わった後にも，子どもたちは学習した観点から日常にあるポスターを読むようになる。

### ❷三つの観点＋その他から工夫を考える

「知らせたい ないよう」には，何が書かれていますか？

「読書週間」「2016年」「第70回」…。

それぞれの言葉は，どんな工夫で書かれていますか？

　今回の学習では，教科書の見本に合わせて，三つの観点（「知らせたい ないよう」「キャッチコピー」「絵や写真」）＋「その他」を示していく。

　観点ごとに，ポスターに何が書かれているのか，どんな工夫があるのか，考えさせていく。

　ポスター全体の構成も分かるよう，Xチャートを使って板書の中で観点ごとにまとめ，文字の大きさや書かれ方について比べさせていく。

| 本時の目標 | ・それぞれの観点からポスターに書かれている工夫を見付け，自分が一番すごいと思った工夫について理由とともに自分の考えを書くことができる。 | 本時の評価 | ・それぞれの観点からポスターに書かれている工夫を見付け，自分が一番すごいと思った工夫について理由とともに自分の考えを書いている。 |

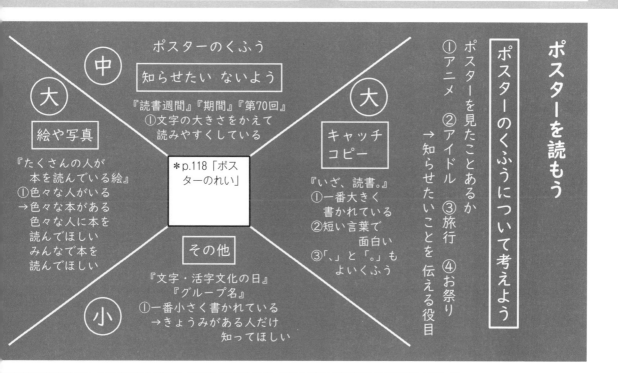

❸ 工夫から考えたことをまとめる

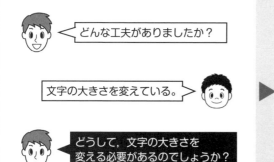

観点それぞれから工夫が出てきた後は，それぞれの観点の工夫を比べていく。
①同じような工夫はあったのか。
②強調させているものは何か。
③読みたいと思わせる工夫は何か。
　何のためにその工夫をしているのか，子どもたちが想像できない際には，その工夫がないものを具体例として示し，必要性を考えさせていく。

❹ 一番すごいと思った工夫を伝える

学習を振り返り，自分が新しく知ったことから「すごい」という表現を使って，理由とともにまとめさせていく。
　時間がない場合にはノートに振り返りを書く活動だけでもよいが，時間がある場合には2人組で理由とともに交流させたい。そうすることで，今回の学習について確認する活動や新たに発見する活動としてつながっていく。

第1時　211

# 2 ポスターを読もう

2/2時間　準備物：黒板掲示用資料

● 発想させる時間はまとめる前に

子どもたちの学習において，アウトプットする活動（今回は発想させる活動）と，インプットする活動（今回はまとめる活動）は大きく違います。すぐに学級全体で黒板にまとめるのではなく，まずは個人や2人組などで，どんなアイデアが出てくるか考える時間を少しでもとりましょう。交代で話させたり，箇条書きでどんどんノートに書かせたりする活動も有効です。

● 観点ごとにまとめる

黒板でまとめていく際には，子どもたちの発言が「同じところ」なのか，「似ているところ」なのか，意識して聞きましょう。「似ているところ」であれば，似ているところの観点を押さえて，どう違うのかまとめていくと，分かりやすくまとまり，子どもたちの確かな理解につながります。

> それぞれのポスターの　知らせたい相手や目的
>
> ア
> 相手①公園の近くに住んでいる人　②親子　③コスモス祭りに来たことがある人
> 目的①もよおしにさんかして楽しんでほしい
>
> イ
> 相手①○○市中央公園やコスモス祭りに来たことがない人
> 目的①五十万本のコスモスの花を見に来てほしい
>
> ポスターを読むときは、何を強調して伝えているのか考えて読もう

❶ Yチャートを使って，比べて考える

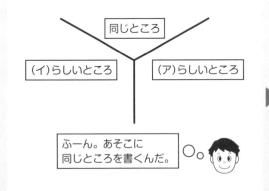

二つのポスターを比べさせる前に，二つのものを「どうやって比べるのか」といった「比較する」型として，Yチャートを示し，あらかじめ情報の整理の仕方を理解させておく。

また，「比較する」話型として，
「アは－だけど，イは－。」
「アもイも，－という点が同じ。」
などを示し，活用させることも有効である。

❷ 同じところからまとめていく

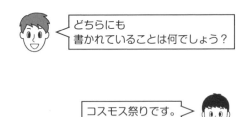

まずは，二つのポスターどちらにも書かれている情報を「同じところ」として押さえていく。

書かれている情報は違うが「同じ観点から工夫を見付けた」といった発言については，観点のみをそれぞれの「違うところ」の場所に押さえておくと，次の「違うところを考える活動」につながりやすい。

| 本時の目標 | ・二つのポスターを観点ごとに比べ、それぞれのポスターの強調しているところから、知らせたい相手や目的について自分の考えをもとうとする。 | 本時の評価 | ・二つのポスターを観点ごとに比べ、それぞれのポスターの強調しているところから、知らせたい相手や目的について自分の考えをもとうとしている。 |
|---|---|---|---|

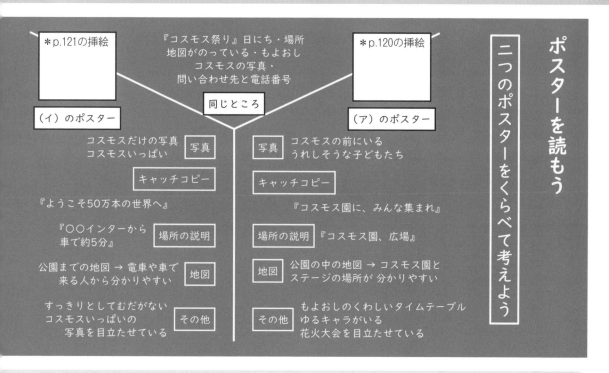

❸ 観点を押さえて、違いをまとめる

　じゃあ, 違うところはどこですか？

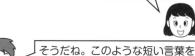　（イ）のポスターは「ようこそ50万本の世界へ」って書いてある。

そうだね。このような短い言葉を何と言うのでしたか？

「違うところ」を考えていく活動では、前回の学習で押さえたポスターを読む観点から、どう違うのか見付けさせていくと、二つのポスターの違いが分かりやすい。

また、板書にまとめる際には、「写真」→「キャッチコピー」→「場所の説明」など、ポスター全体の構成を意識して上からまとめていくと、次の「伝えたいことを考える活動」につながりやすい。

❹ 伝えようとしていることを考える

　（ア）のポスターらしい強調されているところは何ですか？

「もよおし」についてたくさん書かれているなあ。

最後に、それぞれのポスターが強調しているところから、「相手」や「目的」など、そのポスターが「伝えようとしていること」を考えさせていく。

もう一方が強調している特徴をうまく使って、「なぜ、（ア）のポスターは、―（イ）の特徴）よりも、―（（ア）の特徴）についてたくさん伝えようとしているのか。」などから考えさせるのも有効である。

第2時　213

# へんとつくり

2時間

## 1 単元目標・評価

・漢字がへんやつくりなどから構成されていることについて理解することができる。（知識及び技能(3)ウ）

・言葉がもつよさに気付くとともに，幅広く読書をし，国語を大切にして，思いや考えを伝え合おうとする。（学びに向かう力，人間性等）

| 知識・技能 | 漢字がへんやつくりなどから構成されていることについて理解している。((3)ウ) |
|---|---|
| 主体的に学習に取り組む態度 | へんやつくりなどの組み合わせに関心をもち，進んで漢字の構成を理解しようとしている。 |

## 2 単元のポイント

### この単元で知っておきたいこと

　へんやつくりは，部首の仲間である。部首は，漢字を構成する要素の中で，共通する一部分に着目し，分類上仲間分けをしたものである。また，部首は「偏（へん），旁（つくり），冠（かんむり），脚（あし），構（かまえ），垂（たれ），繞（にょう）」の7種に位置によって分けられている。へんやつくり以外の部首については，4年生「漢字の組み立て」で，詳しく学習することになる。

### 教材の特徴

　本単元3年生「へんとつくり」は，2年生「同じ　ぶぶんを　もつ　かん字」での漢字同士を比べて同じ部分を見付け，その部分から漢字の意味やつながりを連想する学習からつながる単元である。

### 言語活動

　教科書p.122の上段には，右と左の二つの部分に分けられた四つ分の漢字が示されている。そして，色分けされた各部分を上手に組み合わせる活動を通して，漢字の一部分の位置関係やおおまかな意味を類推する力を養うことができる単元だと考える。

214　へんとつくり

## 3 学習指導計画（全2時間）

| 次 | 時 | 目標 | 学習活動 |
|---|---|---|---|
| 一 | 1・2 | ・漢字がへんやつくりなどから構成されていることについて理解することができる。<br>・へんやつくりなどの組み合わせに関心をもち，進んで漢字の構成を理解しようとする。 | ○グループになり，一人一人が一文ずつつないで話を作る。<br>・2周で話を作る（実態に応じて，最初と最後の一文は教師が指定する）。<br>・最初と最後の一文も自分たちで作る。<br>・話をつなげていく周回を増やす。 |

### 家庭学習として

　家庭学習としてすぐに取り組めるのが言葉の学習です。本単元では，「へんとつくり」ということで，「共通の部分をもつ漢字」というテーマで，「◆◆の教科書 p. ○〜p. △」「今日書いたノートから」など，「共通の部分をもつ漢字」を「共通の資料から」見付けてくる活動を通して，漢字に着目することで，書かれている内容や自分でまとめた内容を振り返ることができます。

単元について　215

# へんとつくり

**1・2／2時間**

準備物：黒板掲示用資料，色違いの付箋

### ●たくさん見付ける

3年生の児童にとって，「たくさん見付ける」活動は大変人気のある活動です。本単元においては，「左右に分けられる漢字」の中から「共通の部分をもつ漢字」をノートに書き出すという活動をします。ただし，見付けた数が多くなければならないというのではなく，それぞれの頑張りを称賛するようにします。

### ●見付けた中から選ぶ

共通の部分をもつ漢字の中から，教科書 p.122 の上段のような問題を作る活動をします。どの漢字にするか早く決められた子がいたら，「どうしてこの四つの漢字を選んだの？」と問いかけることで，自分や仲間の考えがはっきりとし，さらに学びが楽しくなります。

> 「つくり」漢字の右がわにあって、おおまかな意味を表す部分
>
> *p.123下段の挿絵
>
> へんやつくりに注目すると漢字の意味も何となく分かってくる。

### ❶漢字パズルに取り組む

色違いのカードを組み合わせて，気付いたことはありませんか。

どの漢字もよく使うものばかりだな。

左側に水色，右側にピンクのカードがあるな。

教科書 p.122 のカードは，あらかじめ色違いの画用紙等で掲示資料を作成し，組み合わせが自由にできるようにしておきたい。

### ❷へんとつくりについて学習する

へんとつくりについて勉強しましょう。

漢字の左側にあって，おおまかな意味を表す部分が「へん」だね。

漢字の右側にあって，おおまかな意味を表す部分が「つくり」だね。

「へん」では，「ごんべん」や「きへん」「にんべん」「さんずい」についてそれぞれ何に関係がありそうか考えを出し合う。また，「つくり」についても「のぶん」や「ちから」など何に関係がありそうか考えを出し合う。

| 本時の目標 | ・漢字がへんやつくりなどから構成されていることについて理解することができる。<br>・へんやつくりなどの組み合わせに関心をもち、進んで漢字の構成を理解しようとする。 | 本時の評価 | ・漢字がへんやつくりなどから構成されていることについて理解している。<br>・へんやつくりなどの組み合わせに関心をもち、進んで漢字の構成を理解しようとしている。 |
|---|---|---|---|

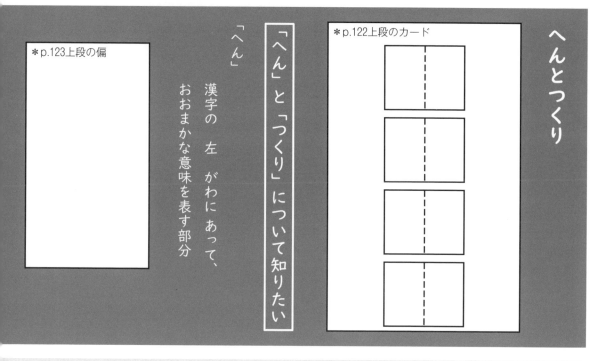

### ❸漢字をノートに書きだす

教科書 p.148 の「これまでに習った漢字」や p.152 の「この本で習う漢字」を見て左右に分けることができる漢字をノートに書き出しましょう。

では、書き出した漢字を使って組み合わせて漢字を作るゲームを作りましょう。

　ここで、今までに習った漢字や3年生で習う漢字の「左右に分けられる漢字」の中から「共通の部分をもつ漢字」をノートに書き出し、その中から教科書 p.122 のカードのように、付箋で色分けをして組み合わせて漢字を作るゲームをすることを確認する。

### ❹単元のまとめをする

へんとつくりなど同じ部分をもつ漢字には、よく似た意味があったな。

ほかにも同じような部分をもつ漢字があったので、これから調べてみたいな。

　4年生になるとさらに、「漢字の組み立て」として、「かんむり」「あし」「かまえ」「たれ」「にょう」などを学習することも伝えたい。

第1・2時　217

# ローマ字

**4時間**

## 1 単元目標・評価

・日常使われている簡単な単語について，ローマ字で表記されたものを読み，ローマ字で書くことができる。（知識及び技能(1)ウ）

・言葉がもつよさに気付くとともに，幅広く読書をし，国語を大切にして，思いや考えを伝え合おうとする。（学びに向かう力，人間性等）

| 知識・技能 | 日常使われている簡単な単語について，ローマ字で表記されたものを読み，ローマ字で書いている。（(1)ウ） |
|---|---|
| 主体的に学習に取り組む態度 | 根気よくじっくりとローマ字を読んだり書いたりしようとしている。 |

## 2 単元のポイント

### この単元で知っておきたいこと

　子どもたちは，本単元で初めてローマ字表記について学習する。初めてのローマ字に戸惑いや苦手意識をもたないよう，ローマ字は仮名や漢字と同じで，日本語の表記方法の一つであることを理解し，楽しく学習できるようにしたい。教師は，以下の点について知っておくとよいだろう。

・多くの場合，仮名1字は，ローマ字2字で書き表す。（「に」は「ni」など）

・ローマ字が2字の場合，2字目は母音である。それが，五十音や発音の仕組みとなっている。

・姓名を書き表す場合，「姓―名」の順にすることが望ましい。

・長音，促音，撥音，拗音の書き表し方について。

・ローマ字の二つの表記，「訓令式」（turu）と「ヘボン式」（tsuru）について。

　これらのことをすべて教師が教え込むのではなく，「書きたい！」「読みたい！」という子どもたちの思いを大切にすることが，意欲的に取り組むことにつながる。

218　ローマ字

## 3 学習指導計画（全4時間）

| 次 | 時 | 目標 | 学習活動 |
|---|---|---|---|
| 一 | 1 | ・ローマ字について知り，ローマ字表を見ながら母音と子音の組み合わせを理解し，注意しながら読むことができる。 | ○ローマ字表の特徴をとらえ，ローマ字表の見方を押さえる。<br>・英語と混同しないよう，日本語の英字表記というローマ字の位置付けを紹介する。<br>・ローマ字を楽しんで学習できるような学習課題を立てる。 |
| 二 | 2 | ・ローマ字の拗音，長音，促音，撥音の表記の仕方について理解し，単語を書いたり読んだりすることができる。 | ○拗音，長音，促音，撥音の書き方のきまりを押さえる。<br>・記号の必要性を実感できるようきまりや記号について紹介する。 |
| | 3 | ・ローマ字の人名や地名の書き方，2通りの表記の仕方を理解し，単語を書いたり読んだりすることができる。 | ○人名や地名，訓令式とヘボン式の書き方を比べて，違いを押さえる。<br>・自分の名前や住んでいる地域などを書くことで，ローマ字に親しむ。 |
| 三 | 4 | ・身の回りにあるものの名前をローマ字で書いたり読んだりすることができる。 | ○ローマ字表を見ながら，今まで学習したきまりを使ってローマ字を書く。<br>・ペアやグループで，ローマ字の書き方やきまりを確かめながら，まとめられる。 |

単元について　219

# ローマ字

**1 / 4時間**

準備物：黒板掲示用資料，練習用紙，ローマ字黒板

●はじめに押さえておきたいこと
①ローマ字と英語はどちらもアルファベットで表すため，子どもたちが混同しないようにしましょう。
②ローマ字は横書きで左から書きましょう。
③ローマ字の四つの線の中の位置，筆順を確かめましょう。

●特別な支援を要する子への配慮
①ローマ字表のローマ字に罫線が引かれています。罫線を意識して書くことで正しいローマ字が自然に身に付くことを子どもたちと話し，確認します。
②母音は赤色で書くなどして，視覚的に分かりやすくすることも手立ての一つです。
③筆順を覚えたり，確認したりするために，空書きはとても有効です。

### ローマ字ってどんな文字？

ローマ字表

・あ い う え お
　a i u e o

・カ行はすべてk
　k+「a i u e o」

・アの段
（あかさたなはまやらわ）
すべて「a」がついている

### ❶身の回りのローマ字表記を探す

身の回りで，このような文字を見たことはありますか？

見たことあるな。

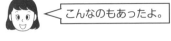
こんなのもあったよ。

　ローマ字表記がされているものの写真などを見せて，ローマ字が身近にあるものだと感じるようにしたい。
　例としては，経路案内図，改札案内，ユニフォーム，キーボードなどがある。
　日常生活の中にある，ローマ字表記されたものを事前に調べておくことで関心も増すだろう。

### ❷ローマ字表を見る

ローマ字表を見て気付いたことはありませんか？

大文字と小文字があるね。

2文字目は，同じ記号が順序よく使われているな。

「ローマ字表を縦に見たり，横に見たりしましょう。」
「同じところや違うところを見付けましょう。」
「あ・い・う・え・お」は「a・i・u・e・o」のように1字で表し，他の音は子音と母音の組み合わせでできていることに気付くことが予想される。

| 本時の目標 | ・ローマ字について知り，ローマ字表を見ながら母音と子音の組み合わせを理解し，注意しながら読むことができる。 | 本時の評価 | ・ローマ字について知り，ローマ字表を見ながら母音と子音の組み合わせを理解し，注意しながら読んでいる。 |

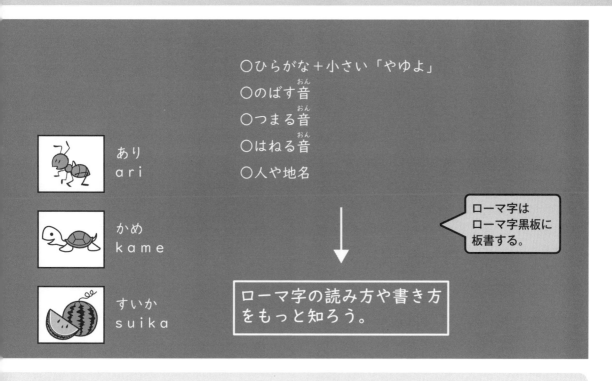

❸ 単語を読んだり書いたりする

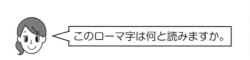

「あり」「かめ」「すいか」の絵を見せて，「ari」「kame」「suika」をイメージとつなげて読めるようにしたい。

ローマ字表を見て，練習用紙に「ari」「kame」「suika」を書けるようにする。

❹ 単元の学習課題を決める

学習課題を決める時は，子どもが興味・関心のあることを受け入れながら，決めるようにしたい。

子どもたちから出てきた言葉（単語）を分類して，次時の長音，促音，撥音，拗音の学習へとつながるようにすることもよいだろう。

# ローマ字

## 2/4時間

**準備物**：黒板掲示用資料，練習用紙，ローマ字黒板，単語カード

●掲示の積み上げ
①いつでも確認できるように，ローマ字表や表記のきまりを掲示しておきましょう。
②1字1字ひらがなとローマ字を対応させて，練習できるようにしましょう。

●特別な支援を要する子への配慮
　練習する時には，先生が，事前に四つの表記を使った言葉を用意しておき，なぞったり，ワークシートに書き写したり，声に出して読んだりすることで安心して書けます。探すことや書けるようになることではなく，書こうとする意欲を大切にしましょう。

---

ローマ字の読み方や書き方の決まりを見つけよう

ローマ字表

○ひらがな
　＋小さい「やゆよ」

　ちゃわん
　tyawan

○のばす音

　おとうさん（オトーサン）
　otôsan

---

❶本時の学習課題を把握する

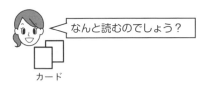

　前時の復習として，簡単なローマ字を読んだり書いたりする活動を入れてもよい。
　拗音，長音，促音，撥音から一つずつ単語を用意し，単語カードにして，クイズ形式で読み方を考えられるようにする。
　単語カードには，単語だけでなくイラストを入れると，ローマ字に慣れない児童にとっても，楽しく学習できるであろう。

❷拗音，長音，などの表記を理解する

今日は，①「きゃ，きゅ，きょ」などの音や②のばす音，③つまる音，④はねる音について学習しましょうね。

　拗音，長音，促音，撥音の表記については，ひらがなとローマ字を対比しながら，読んだり書いたりすることを忘れないようにする。拗音は，子音にヤ行の音を付ける。長音は，のばす母音に「＾」を付ける。長音記号の有無によって違う意味になる言葉を示すと，理解が深まる。促音は，後に続く音の子音を重ねる。撥音は，「ん（n）」の次に，母音や「y」が続く時には，「'」を付ける。

222　ローマ字

| 本時の目標 | ・ローマ字の拗音，長音，促音，撥音の表記の仕方について理解し，単語を書いたり読んだりすることができる。 | 本時の評価 | ・ローマ字の拗音，長音，促音，撥音の表記の仕方について理解し，単語を書いたり読んだりしている。 |

○つまる音

きっぷ
kippu

子音＋ヤ行
（ya、yu、yo）

「っ」の後の文字のはじめのローマ字を重ねる

ローマ字はローマ字黒板に板書する。

○はねる音

ぜんいん
zen'in

のばすところに
「＾」

「aiueo」や「y」の前に「'」

＊otosan（おとさん）　　＊zenin（ぜにん）

❸書いて練習する

　四つの決まりが使われている言葉を探しましょう。

ローマ字表を見て，ローマ字で書いてみよう。

　文字の大きさがいろいろで難しいな。

　言葉を見付けることが難しい児童のために，辞書を活用したり，あらかじめ，言葉をいくつか用意しておいたりしてもよいだろう。

❹本時の学習課題を振り返る

　何度も声に出したり書いたりしてみると覚えられたよ。

書いた文字が合っているかまだまだ不安だな。

　見付けた言葉をローマ字で書き，ローマ字で書かれた言葉を声に出して読むようにしたい。
　互いに読み書きを確かめる活動を取り入れ，ローマ字を書こうという意欲を大切にしたい。
　グループやペアでクイズにして発表してもよいだろう。
　ここでは，書き方を覚えるのではなく，表記の仕方を知ることを大切にしたい。

# ローマ字

3／4時間

準備物：黒板掲示用資料，練習用紙，ローマ字黒板

●身の回りのものを進んで書く習慣

　人名，地名，ローマ字の２通りの書き方を学習する時は，教師が，たくさんの用例を示して，練習できるようにします。名前の書き方について，「外国語活動」の導入として，名前を「名－姓」の順番で表記する国があることを確かめても楽しいです。また，２通りの書き方では，ヘボン式や訓令式にとらわれず，身の回りにあるものの名前を楽しんで書けるようにしたいものです。

●特別な支援を要する子への配慮

　既習の拗音，長音，促音，撥音なども含まれるため，混乱しないように，ローマ字表を見て，１字１字確認するよう声をかけるようにします。

人名や地名、ローマ字の２通りの書き方を知り、自分の住んでいる地いきや名前を書いてみよう

ローマ字表

❶本時の学習課題を把握する

　「Yamazaki Kenta」と「yamazakikenta」や「sima」と「shima」の読み方を確認する。
　読んだ後，二つの書き方の違いに気付けるようにしたい。
　「なぜ」「不思議だ」と子どもたちが考え，学習意欲が高まるだろう。

❷人名や地名を書く時のきまりを知る

人名：はじめの文字は大文字で書く。姓と名の間は空ける。
地名：はじめの文字は大文字で書く。すべて大文字で書くこともある。
　○市，○県などの言葉をつなぐ時は，「－」をつけることもある。

| 本時の目標 | ・ローマ字の人名や地名の書き方，2通りの表記の仕方を理解し，単語を書いたり読んだりすることができる。 | 本時の評価 | ・ローマ字の人名や地名の書き方，2通りの表記の仕方を理解し，単語を書いたり読んだりしている。 |

○人名
　やまざき　けんた

　Yamazaki (間) Kenta
　Yamazakikenta

○2通りの書き方
　みち

　m i t i
　m i c h i

> ローマ字はローマ字黒板に板書する。

○地名
　とうきょう
　TÔKYÔ または Tôkyô
　かがわけん
　Kagawa-ken

○住んでいる地いき

○名前

### ❸ローマ字の2通りの書き方を知る

Nihonbashi  Nihonbasi

 同じ読み方なのに，書き方が違うね。

不思議だな。

　2通りの書き方について触れた後，ローマ字表で確認する。
　綴り方の違う部分に印を付けたり，色を変えるなどして示してもよい。

### ❹本時の学習課題を振り返る

 どちらも使えるようになりたいな。地名を2通りの書き方で書こう。

自分の名前や友達の名前をどんどん書いてみたいな。

　子どもたちの様子や実態に合わせて，学校や地域など，特定の場所に限定してもよいだろう。
　また，自分の名前の名刺カードを作るなどして，楽しんで書けるようにしたい。

# ローマ字

**4/4時間**

準備物：黒板掲示用資料，練習用紙，ローマ字黒板，単語カード

● **単語カード**

　どのような目的で単語カードを作るか，子どもたちが意識できるようにします。例えば，ローマ字の決まりに関係する単語は整理しておく価値があるのではないかという助言はしたいものです。また，子どもたちがローマ字表を見て，ローマ字を書こうとする姿を大切にし，進んでほめるようにもします。

● **習得の場の拡大**

　一定期間，毎日五つずつでも構わないので，ローマ字を書くことを習慣づけるとよいと思います。家庭と連携をとり，ローマ字表を家庭の中に掲示しておくこともよいことです。さらに，PCでローマ字入力をする機会も増やしていけそうです。

> 身の回りにあるものの名前を
> ローマ字で書き表そう

ローマ字表

❶ **本時の学習課題を把握する**

ローマ字にはどんなきまりがありましたか。

伸ばす，はねる，つまるなど記号を必ずつけなければならないものがあったな。

　今までの学習のまとめとして，ローマ字にはどのようなきまりがあったか，読み書きの仕方について，クイズ形式で確認してもよいだろう。

❷ **教室や学校にあるものの名前を探す**

身の回りにあるものの名前を
ローマ字で書き表しましょう。

学校や教室には，
どんなものがありますか。

　子どもたちが，身の回りにあるものの名前を挙げた時，分類しながら黒板に書く。
　グループやペアで何を調べるか決められるようにしたい。
　言葉によっては，拗音などのどんなきまりがあるか，適宜確認し，次の活動につなげたい。

226　ローマ字

| 本時の目標 | ・身の回りにあるものの名前をローマ字で書いたり読んだりすることができる。 | 本時の評価 | ・身の回りにあるものの名前をローマ字で書いたり読んだりしている。 |
|---|---|---|---|

○1階北
　音楽室　［　　　　　　　］
　3年4組　［　　　　　　　］

○教室
　ロッカー　［　　　　　　　］
　本だな　　［　　　　　　　］

> ローマ字はローマ字黒板に板書する。

○1階南
　家庭科室　［　　　　　　　］
　女子トイレ［　　　　　　　］
　男子トイレ［　　　　　　　］

○地名
　［　　　　　　　］
　［　　　　　　　］

❸ローマ字で書く

音楽室，図工室，体育館…。

ロッカーの書き方は合っているかな。

オルガン，本棚，…。

　班やペアごとに単語カード（四線入り）を渡して，ローマ字で書き表せるようにする。
　今まで使った練習用紙は，ファイルに綴じたり，ノートに貼ったりするなどして，本時で活用できるようにしておくとよいだろう。

❹単元の学習課題を振り返る

ローマ字の書き方や読み方がかなり分かって使えるようになってきたよ。

時々きまりを間違うからもっと練習したいな。

　本時で作った単語カードは，教室に掲示したり，学校の案内表示として活用したりすることができる。
　学んだことや分かったこと，楽しかったことを中心に感想を交流し，3年下巻「コンピュータのローマ字入力」への興味・関心をもてるようにしたい。

気もちをこめて「来てください」

気もちをこめて「来てください」

名前（　　　　　　　　　　　　）

行事：

相手：

| | |
|---|---|
| 日時 | |
| 場所 | |
| 自分がすること | |
| 気もち | |

こそあど言葉を使いこなそう

# 執筆者・執筆箇所一覧 （所属は執筆時）

## 【編著者】

藤井　大助 （香川県高松市立下笠居小学校）

1章1　指導内容と指導上の留意点｜国語辞典を使おう｜漢字の広場①｜春のくらし｜漢字の音と訓｜もっと知りたい，友だちのこと／[コラム]きちんとつたえるために｜漢字の広場②｜漢字の広場③｜まいごのかぎ｜夏のくらし｜へんとつくり｜ローマ字

## 【執筆者】 （執筆順）

小林　康宏 （和歌山信愛大学教授）

1章2　資質・能力をはぐくむ学習評価

宍戸　寛昌 （立命館小学校）

1章3　国語教師の授業アップデート術

星野　克行 （大阪府吹田市立桃山台小学校）

よく聞いて，じこしょうかい｜どきん｜俳句を楽しもう｜ポスターを読もう

広山　隆行 （島根県松江市立大庭小学校）

きつつきの商売｜わたしと小鳥とすずと／夕日がせなかをおしてくる

比江嶋　哲 （宮崎県都城市立五十市小学校）

図書館たんていだん

田中　元康 （高知大学教育学部附属小学校）

〈れんしゅう〉言葉で遊ぼう／こまを楽しむ／[じょうほう]全体と中心

佐藤　司 （大阪府豊中市立寺内小学校）

気もちをこめて「来てください」｜[じょうほう]引用するとき｜はじめて知ったことを知らせよう／鳥になったきょうりゅうの話

今野　智功 （福島県飯舘村立いいたて希望の里学園）

こそあど言葉を使いこなそう

長屋　樹廣 （北海道教育大学附属釧路小学校）

仕事のくふう，見つけたよ／[コラム]符号など

山埜　善昭 （大阪府吹田市立豊津第一小学校）

山小屋で三日間すごすなら

【編著者紹介】

藤井　大助（ふじい　だいすけ）

香川県生まれ。
滋賀大学教育学部卒業後，現在，香川県高松市立下笠居小学校に勤務。
JFA公認C級コーチ，JFAサッカー2級審判員，JFAサッカー2級審判インストラクター
「スポーツと勉学の両立に関する見通しのもち方について」「ゲームマネージメントと言語」実践研究中

〈主な著作〉

分担執筆
『子どもがいきいき動き出す！小学校国語　言語活動アイデア事典』（明治図書），『子どもがどんどんやる気になる国語教室づくりの極意　学級づくり編』『子どもがどんどんやる気になる国語教室づくりの極意　国語授業編』（以上，東洋館出版社）

【協力】

国語"夢"塾

〔本文イラスト〕木村美穂

板書＆イラストでよくわかる
365日の全授業　小学校国語　3年上

| | | |
|---|---|---|
| 2021年3月初版第1刷刊 ©編著者 | 藤　井　大　助 |
| 発行者 | 藤　原　光　政 |
| 発行所 | 明治図書出版株式会社 |
| | http://www.meijitosho.co.jp |
| | （企画）林知里・佐藤智恵（校正）芦川日和 |
| | 〒114-0023　東京都北区滝野川7-46-1 |
| | 振替00160-5-151318　電話03(5907)6703 |
| | ご注文窓口　　　　　電話03(5907)6668 |
| ＊検印省略 | 組版所　株式会社　明　昌　堂 |

本書の無断コピーは，著作権・出版権にふれます。ご注意ください。
教材部分は，学校の授業過程での使用に限り，複製することができます。

Printed in Japan　　　　　　　　　　　ISBN978-4-18-435312-1
もれなくクーポンがもらえる！読者アンケートはこちらから
→

# 5分の準備で、最高の45分を。
## 365日の全授業

購入者限定ダウンロード特典付！

### 板書&イラストでよくわかる 365日の全授業 小学校国語 4年 上

＼3大特典／ 明治図書
① 学校のイラスト素材700点
② 教科書対応の単元確認テスト
③ +αの楽しい学習プリント
無料ダウンロード！

河合啓志 編著
国語"夢"塾 協力

愛 健 種 唱 類

**全単元・全時間**
板書とイラストで、毎時間の授業がパッとつかめる！
**全国屈指のいい実践**
学び続け、教育書籍・雑誌で活躍する執筆者が伝授！
**授業の要所がわかる**
本時メインの指示・発問を明示！

---

### 板書&イラストでよくわかる 国語
国語"夢"塾 協力
1～6年【上巻】
定価 3,080～3,190円（10%税込）
＊下巻2021年7月発売予定
図書番号 4351-4356

### 板書&写真でよくわかる 社会
木村博一 他編著
3～6年
定価 2,970円（10%税込）
図書番号 4263-4266

### 板書&イラストでよくわかる 算数
宮本博規 他編著
熊本市算数教育研究会 著
1～6年【各上下巻】
定価 2,750～2,860円（10%税込）
図書番号 4231-4236／4901-4906

### 学習カードでよくわかる 体育
関西体育授業研究会 著
1～6年
定価 2,750円（10%税込）
図書番号 4751-4756

### 板書&イラストでよくわかる 外国語活動 外国語
菅 正隆 編著
3～6年
定価 2,750円（10%税込）
図書番号 4393-4396

### 板書&イラストでよくわかる 道徳
田沼茂紀 編著
1・2年／3・4年／5・6年
定価 3,080円（10%税込）
図書番号 4241-4243

---

明治図書　携帯・スマートフォンからは  へ　書籍の検索、注文ができます。▶▶▶

http://www.meijitosho.co.jp　＊併記4桁の図書番号（英数字）でHP、携帯での検索・注文が簡単に行えます。

〒114-0023　東京都北区滝野川7-46-1　ご注文窓口　TEL 03-5907-6668　FAX 050-3156-2790